업무 수행의 달인,
문제 해결의 고수가 되자

업무 수행의 달인, 문제 해결의 고수가 되자

발행일   2017년 04월 19일

지은이   김관영
펴낸이   최수진
펴낸곳   세나북스
출판등록 2015년 2월 10일 제300-2015-10호
주소   서울시 종로구 통일로 18길 9
홈페이지 banny74@naver.com
전화번호 02-737-6290   팩스 02-737-6290

ISBN   979-11-87316-13-8 03320(종이책)
            979-11-87316-15-0 05320(전자책)

이 도서의 국립중앙도서관 출판예정도서목록(CIP)은 서지정보유통지원시스템 홈페이지(http://seoji.nl.go.kr)와
국가자료공동목록시스템(http://www.nl.go.kr/kolisnet)에서 이용하실 수 있습니다.
(CIP제어번호 : CIP2017006430)

업무 수행의 달인,
문제 해결의 고수가 되자

창의적 기획과 논리적 문제 해결

김관영 지음

세나북스

직장생활에서 여러 가지 일을 맡아서 처리하면서 외부뿐만 아니라 내부에서도 업무상 커뮤니케이션을 많이 하게 된다. 그런 과정에서 제대로 소통이 되는 경우도 있고, 정확히 의견이 전달되지 않거나 오해가 발생하는 경우도 더러 있다. 이러한 업무상 문제를 해결하고 제대로 전달하는 전체 과정이 업무수행과 업무보고를 포함하는 직장생활에서의 문제 해결, 업무기획에 해당한다.

실제 상황에서 문제를 원활히 해결하고 모든 이해관계자와 소통을 원만히 한다는 것은 쉬운 일이 아니다. 개인별로 많은 차이가 있는 것이 현실이다. 직장생활을 하면서 업무해결이나 과제수행을 누구보다 원활하게 하고 싶을 것이다. 필자 또한 업무를 수행하면서 이러한 내용을 전반적으로 설명해 주는 자료들이 없어서 항상 아쉬움이 있었다.

본서에서는 업무를 원활하게 수행하고 과제를 논리적으로 해결할 수 있는 기본적인 이론과 실무 적용 사례들을 정리해서 실제 업무수행에 도움이 될 수 있도록 내용을 구성하였다. 업무수행은 직접 하면서 향상되는 것이어서 책을 읽는다고 해결되는 것은 아니다. 또한, 이론적인 사항들은 처음 업무를 접하는 분들께 다소 생소한 부분도 없지 않다. 그렇지만 업무수행 과정에서 고민해 보신 분들에게 평소에 가려웠던 부분을 풀어줄 수 있는 내용을 많이 담고 있다. 이 책을 통해서 평소에 고민하던 창의적 업무수행과 논리적 문제 해결의 어려움이 상당 부분 해소될 것이다.

학교를 졸업하고 직장생활을 시작하면서 처음 업무를 맡았을 때를 생각해 보자. 혼자서 수행해야 하는 업무를 맡으면서 느끼는 설렘과 동시에 두려움이 있다. 주어진 과제를 될 수 있으면 빨리 해결하고 싶은 욕심도 생긴다. 그렇지만 무엇을, 어떻게 접근하고 해결해 나가야 할 지 막막하다. 좋은 선배를 만나서 길을 물을 수 있으면 행운이다. 그렇지만 모두들 바빠서 도움을 청하기도 만만치 않다. 이러한 고민은 직장생활을 하면서 점차 사라지기는 하지만 여전히 마음 한편에 아쉬움으로 남아 있다.

직장생활을 시작하면서 바로 어려운 과제를 수행하는 경우는 많지 않다. 보통은 2~3년 정도 지나면서 점차 심도 있는 검토나 연구가 필요한 주제를 받게 된다. 처음에는 서투르지만 선배들의 길을 따라가면 된다. 그렇지만 업무를 시작한 지 5년 정도를 넘어서면 선배들이 해보지 않은 새로운 주제를 부여받고, 동시에 여러 가지 프로젝트에 참여하면서 좌충우돌하게 된다. 이 책은 사회생활 3년에서부터 10년 정도의 중견 직장인들에게 도움이 되었으면 하는 생각에서 글을 쓰기 시작하였다. 중견 직장인뿐만 아니라 과제 해결 중심의 업무를 수행하는 컨설턴트를 희망하는 분들이나 직장에서 무슨 일을 어떻게 해야 하는지 궁금해하는 취업을 준비하는 분들에게도 도움이 될 수 있도록 구성되어 있다.

그런 측면에서 과제를 보다 효율적으로 해결하기 위해 필요한 이론적 내용과 기법들도 포함하였다. 이러한 이론이나 기법들을 더욱 잘 활용할 수 있게 하려고 실무에서 적용한 사례를 들어 설명했다. 기획서를 만들어 보기도 하고 업무보고도 많이 해 보았지만 어떻게 하면 실행이 되게 할 수 있는지, 다른 사람들은 어떻게 하고 있는지 궁금할 것이다. 기획서는 단순히 서류로써 보고를 하고 나면 사용 가치가 끝나는 것은 아니다. 실행되어서 문제가 해결되어야 한다. 그러한 측면에서 문제 해결을 바르게 할 수 있도록 하기 위한 원리들을 제시하는 것에도 중점을 두었다. 특히 각 파트 뒤에 정리해 둔 요약만으로도 시사점을 얻을 수 있을 것이다.

필자가 회사생활을 처음 시작하였을 때에 귀납식과 연역식의 글쓰기를 가르쳐 주신 분이 있었다. 처음에는 다소 생소하였으나 과제를 직접 수행하고 보고서를 쓰면서 어떻게 접근할 것인가에 대한 생각의 틀을 만들어 주었기 때문에 항상 고맙게 생각하고 있다.

이런 경험 때문에 후배들에게 보고서를 쓸 때의 접근방법이나 유의해야 할 사항들을 알려 주려고 나름 노력하였다. 다만 업무를 하면서 그때그때 생각나는 내용을 두서없이 알려주어서인지 의미 전달이 정확히 되지 않는 것 같아 아쉬움이 있었다. 보고서의 형식적 틀만을 알려 준 정도라 한계가 있었다. 업무수행을 위한 커뮤니케이션은 형식도 중요하지만, 그 내용, 즉 해결책의 제시가 본질이다.

우리가 수행하는 업무는 모두 문제를 해결하는 일종의 과제다. 문제의 크기가 다르거나, 해결책의 제시가 쉽거나 어렵다는 차이는 있다. 업무수행에서 해결해야 할 문제가 무엇인가? '문제 인식하기'가 문제 해결의 출발점이다. 현재의 상태와 바람직한 상태의 차이를 파악하는 것이 문제를 인식하는 것이다.

현재의 상태를 정확히 파악해서 이해관계자들이 공감해야 한다. 혼자만 알아서는 설득력이 없다. 문제를 해결하려면 그 문제와 관련된 이해관계자들이 문제를 공감하고 해결에 동참하도록 하여야 한다. 공감과 동참 유도를 위해서 논리적이고 사실에 바탕을 둔 분석이 필요하다. 사실과 데이터를 기반으로 현재의 상태를 파악하고 나면 무엇이 문제를 일으키는 원인인지를 논리적으로 제시할 수 있다.

문제를 발생시키는 원인을 해소하기 위한 대책을 세우는 것, 즉 대안이나 아이디어가 해결책이다. 해결책은 문제의 원인을 제거하거나 완화할 수 있어야 한다. 또한, 실행이 비교적 쉽고 너무 큰 비용이 들어가지 않아야 한다. 실제 업무를 수행해 보면 창의적인 해결책을 찾기가 쉽지 않다. 창의적인 해결책을 찾기 위해서 어떠한 접근을 하면 되는지에 대해서도 알아둘 필요가 있다.

과제에 대한 현상분석과 해결책을 종합하여 결과물의 전달을 위해서 작성하는 것이 보고서이다. 보고서는 어떠한 해결책을 선택할 것인지에 대한 의사결정과 이의 실행을 위해 만들어지는 것이다. 보고서는 보고를 받는 사람이나 설명을 듣는 사람, 즉 의사결정자와 이해관계자들이 고객이다. 고객의 관점에서 제대로 이해될 수 있도록 작성되어 있어야 한다.

정리된 보고서는 프레젠테이션을 통해서 설명이나 보고가 된다. 프레젠테이션을 잘하는 방법도 알아두어야 한다. 반드시 알아야 할 내용과 실제 경험에서 느낀 사항들을 정리해 보았다.

CHAPTER 1에서는 문제와 문제 해결의 개념을 먼저 다루었다. CHAPTER 2에서는 문제 해결 결과물의 전달에 해당하는 보고서 작성과 프레젠테이션 등 문제 해결과 관련된 커뮤니케이션을 다룬다. 원칙대로 한다면 문제 해결 방법론이 먼저 나와야 할 것이다. 그렇지만 본서에서는 직장에서 처음 업무를 수행할 때에 바로 보고서부터 만들기 시작하는 점에 착안해서 보고서와 프레젠테이션 등 전달을 어떻게 하면 좋을 것인가를 먼저 설명하였다. 문제 해결 방법론은 CHAPTER 3에서 다루었다. 문제 해결 방법론에서는 현상분석과 해결책 제시 및 이와 관련된 이론과 실무적 사례들을 논리적으로 제시한다. 문제 해결 방법론에 해당하는 CHAPTER 3을 먼저 읽고 전달에 해당하는 CHAPTER 2 커뮤니케이션 부분을 나중에 읽어도 무방하다.

본격적인 본문 내용에 들어가기 전에 가상의 인물 김부장과 최과장을 등장시켜 프로젝트를 진행하며 이들이 나누는 대화를 통해 주요 개념과 내용을 한 번 접하도록 구성했다. 용어에 대한 이해를 돕고 실제 업무에서 문제 해결이 어떻게 이루어지는지 간접 경험을 해보고 독자의 책에 대한 이해를 돕고자 만든 코너다.

이 책을 쓰면서 실무적인 경험들을 논리적으로 정리하고 이론적 바탕을 체계화하기 위해서 문제 해결 실무 경험이 풍부한 컨설턴트의 도움을 많이 받았다. 특히 전체적 구성과 방향성에 대해 조언을 아끼지 않은 코칭 전문가 양정훈 코치에게 감사한다. 또한, 컨설턴트식 문제 해결의 바탕이 되는 논리적 구조에 대한 자료와 조언을 많이 해 주신 포스코 경영연구원의 천성현, 김학상 수석연구원, 박준하 박사의 도움이 없었으면 마무리가 어려웠을 것이다. 책의 구성과 내용 하나하나에 정성을 다해 편집을 해 준 세나북스 최수진 대표를 포함해서 여러 가지로 도움과 격려를 해 준 가족과 모든 분들께 감사한다.

2017년 4월

김관영

CONTENTS

들어가는 글 004

CHAPTER 1 | 문제 마주하기

김부장과 최과장 PROLOGUE 016

김부장과 최과장 EPISODE 1 016

문제 해결이란 018

문제 인식은 질문으로부터 023

상황에 따라 문제는 다를 수 있다 027

문제 해결 능력은 숙달될 수 있다 031

논문을 작성하는 것과 문제 해결을 한다는 것은 035

CHAPTER 2 | 제대로 전달하기

1. 전달이 필요하다

김부장과 최과장 EPISODE 2 045

전달은 어떻게 하는가? 046

전달능력은 훈련이 필요하다 049

속도냐 완벽이냐 052

2. 보고서를 작성한다

김부장과 최과장 EPISODE 3   **058**

보고에도 유형이 있다   **059**

귀납식과 연역식 글쓰기   **063**

보고서 유형에 따라 논리전개 흐름을 정한다   **068**

문제 해결과 보고서, 무엇부터 할 것인가?   **076**

3. 인터뷰에는 스킬이 필요하다

김부장과 최과장 EPISODE 4   **085**

사전 준비가 절반이다   **086**

개별 인터뷰와 집단 인터뷰   **090**

결과 정리와 시사점 도출은 필수   **095**

4. 프레젠테이션은 정성이다

김부장과 최과장 EPISODE 5   **102**

프레젠테이션의 기본을 알자   **103**

흔히 범하기 쉬운 실수를 없애자   **106**

상황에 따른 순발력을 기르자   **109**

CHAPTER 3 | 문제 해결하기

PART 1 사실 확인은 논리적으로

1. 목적과 취지를 분명히 하자

김부장과 최과장 EPISODE 6 120

출제자의 의도를 알아야 한다 121

이해관계자의 입장을 알아보자 124

제삼자적 관점에서 보자 126

파악이 되지 않는다면 128

범위를 분명히 하자 133

2. 현상분석은 사실을 바탕으로

김부장과 최과장 EPISODE 7 138

팩트는 중립적 관점에서 보아야 한다 139

논리적으로 구조화하자 143

다양한 기법이 있다 147

팩트를 자료화하자 157

유형에 따라 다르게 접근한다 162

3. 주요 원인을 제시하자

김부장과 최과장 EPISODE 8   **176**

핵심원인에 집중한다   **177**

우선순위를 고려하자   **182**

사례에서 시사점을 찾는다   **184**

PART 2 해결책의 바다에서

1. 해결책을 찾아서

김부장과 최과장 EPISODE 9   **192**

아이디어를 구한다   **193**

묘약은 없으나 불가능도 없다   **200**

문제의 정답은 없어도 본질은 있다   **204**

2. 해결책 선정하기

김부장과 최과장 EPISODE 10   **211**

아이디어를 솔루션(해결책)으로 만들자   **212**

전문가적 판단을 하자   **215**

실행이 되어야 한다   **217**

원인을 제거할 수 있는지 검증하자   **220**

3. 해결책은 창의적 아이디어에서

김부장과 최과장 EPISODE 11   228

운영으로 풀 것인가, 전략으로 접근할 것인가?   229

해결책도 유형이 있다   232

이해관계자 관리도 해결책이다   235

관심은 기록을 통해서 현실화된다   240

통찰력을 기르자   243

배우가 되지 말고 PD가 되어라   248

실무 적용 사례   253

EPILOGUE

문제 해결역량은 취업 인터뷰에도 필요하다   264

문제 해결에도 인간 됨됨이가 기본이다   267

CHAPTER 1

문제 마주하기

【김부장과 최과장 PROLOGUE】

교통 데이터 제공 전문 회사인 'T-DATA'는 외부 데이터 분석 전문 회사인 'D-ANAL'에 신규 교통 데이터 분석 프로젝트를 의뢰한다. 기존에는 회사 자체 인력으로 프로젝트를 진행했으나 해결되지 않는 어려운 문제가 발생했기 때문에 외부 전문가를 섭외한다.

김부장과 최과장은 'T-DATA'의 직원으로 'D-ANAL'과의 원활한 프로젝트 진행을 위한 TFT(Task Force Team : 회사에서 중요한 일, 새로운 일을 추진할 때 각 부서에서 선발된 인재들이 임시 팀을 만들어 활동을 하는데 그 팀을 지칭함)를 이끌고 있다. 김부장은 다양한 업무 경험과 지식을 가진 유능한 직원으로 최과장에게 많은 가르침을 준다.

'D-ANAL' 사의 박차장과 팀원들은 'T-DATA' 사의 문제를 해결하기 위해 파견되어 김부장, 최과장이 이끄는 TFT와 프로젝트를 시작하게 된다.

【김부장과 최과장 EPISODE 1】

15:00 PM, 교통 데이터 제공 전문 'T-DATA' 본사 사무실

김부장 : 이번 데이터는 기존 데이터보다 내용이 많고 기존에 우리가 다루었던 데이터와 성격이 달라서 분석에도 새로운 기술과 신선한 관점이 필요할 것 같아.

최과장 : 네. 처음에는 우리 자체 인력으로 분석할 수 있으리라 생각했는데 생각보다 어렵습니다. 외부 전문가를 모시면 그들의 노하우도 배우고 좋은 경험이 될

것 같습니다.

김부장 : 이번에 외부 전문가로 섭외한 데이터 분석 전문회사인 'D-ANAL' 사에서 사전조사라면서 질문서를 보내왔는데 내용이 무척 많아. 팀원들과 함께 질문서에 대한 답을 적어서 정리 좀 해 주게.

(질문서를 본 이후)

최과장 : 얼마 전 내부에서 저희 팀원끼리 데이터를 분석할 때 뭐가 문제여서 잘 진행이 안 되고 결과가 만족스럽지 않은지 몰랐는데 다양한 측면의 질문에 대해 답을 적다 보니 저희가 당면한 문제에 대해 더 잘 인식을 하게 되었습니다.

김부장 : 먼저 문제를 정확하게 인식하고 왜 문제인지 반복해서 질문하는 것이 문제 해결의 첫걸음이야. 전문 업체라 문제 해결 시에 사용하는 현상파악 방법론도 있을 거야.

최과장 : 이번 기회에 같이 일하며 그런 방법론을 배울 수 있겠네요. 전문가들의 착수보고회가 기대됩니다. 물어보고 싶은 내용이 많아요.

김부장 : 문제 해결은 기법이나 방법론도 알아야 하지만 더 중요한 건 역시 업무를 통해 터득하는 통찰력일 거야. 우리도 이번에 전문가들과 같이 일하면서 업무에 대한 능력을 업그레이드해보자고.

최과장 : 네, 부장님!

문제 해결이란

직장생활을 시작해서 처음으로 업무를 부여받는 것은 또 다른 생활의 시작이다. 이러한 의미에서 어린아이가 태어나는 것에 비유해서 생각해 보자.

어린아이가 태어나서 첫울음을 터뜨리는 이유는 무엇일까? 추워서일수도 있고 배가 고파서일수도 있다. 아니면 세상에 태어난 생명을 축복해 주고 환영해 달라는 뜻일 수도 있다. 어린아이가 던진 물음에 어른들이 사랑으로 대답해 주는 것이 아이를 낳고 키우는 과정이라고 하여도 지나친 표현은 아닐 것이다.

만일에 배가 고파서 우는 아이에게 추워서 그런지 알고 따뜻하게 해주면 어떨까? 그 반대로 추워서 우는 아이에게 젖을 먹이면 어떻게 될까? 우리는 살아가면서 이런 우스운 짓을 많이 하지는 않는가? 아이가 울면 부모는 짐작으로 왜 우는지 알고 대처한다. 육아 경험이 없는 부모라면 할머니의 도움을 받는 것이 좋다. 할머니는 아이를 키워 본 경험자이자 전문가이기 때문이다. 경험이 많은 할머니는 아이가 우는 원인을 직감적으로 이해하고 문제가 되는 상황에서 신속하게 벗어나게 도와준다.

바람직한 상태에 대비해서 현재의 상태에 차이가 발생하는 것을 '문제'라고 한다. 해결 방법은 현재의 상태가 왜 바람직한 상태와 차이가 나는지 확인해서 원하는 상태로 돌려놓는 것이다. 현재의 상태는 현상이나 현황이다. 현상을 분석해서 제대로 된 상태와 차이가 나는 원인을 밝혀내고, 원인을 해소하는 대책을 만들어서 실행하는 것이 문제 해결이다.

헝클어진 실타래를 풀어서 원래의 모습으로 되돌려 보자. 잘 감긴 실타래를 만들어 두면 다음에 잘 활용할 수 있다. 그러기 위해서 시간과 노력이 들지만 꼬인 매듭을 찾아서 한 올 한 올 되감아 주면 된다. 실타래가 헝클어져 있다는 것을 인식하는 것이 문제 해결의 시작이다. 문제를 인식하는 것이 해결의 출발점이다.

<그림 1-1> 실타래를 푸는 문제 해결

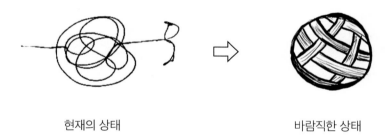

현재의 상태　　　　　　　　　　　　　바람직한 상태

문제가 없다고 생각할 때에 정말로 문제가 없는 경우는 얼마나 될까? 문제가 무엇인지 알지 못하거나 인식을 못 해서 문제가 없다고 착각하고 있지는 않은지 생각해 보자. 아무런 문제가 없다고 하는 것이 왜 문제일까? 문제라는 인식은 없더라도 대부분이 잘살아가고 있다고 반박할 수도 있다. 물론 크고 작은 문제의 차이나 심각성의 정도, 이해관계가 복잡한지 등의 차이는 있을 것이다.

문제를 인식하고 스스로 해결한다는 것이 곧 '살아있다는 의미'라고 한다면 지나친 표현인지 모른다. 그렇지만 태어나서 죽을 때까지 접하게 되는 문제를 정확히 문제로 인식하고 바르게 해결해 간다면 더욱 보람된 삶을 살 수 있다. 그러한 의미에서 살아간다는 것은 문제를 해결해 가는 과정의 연속이다.

특히 직장생활에서 업무를 수행한다는 것은 곧 문제를 파악해서 대책을 수립하고 실행하는 연속된 과정에 해당한다. 직장에서 가장 많이 듣게 되는 질문 중의 하나가 "무엇이 문제냐?"이다. 쉽게 하는 말이지만 대답은 쉽지 않다.

출근해서 처리해야 할 일들이 쌓여가면서 스트레스를 받은 적이 있을 것이다. 우리가 해결해야 할 업무들은 어떤 문제를 가지고 있으며 어떻게 해결해 나가면 보다 효율적인지도 하나의 문제이다.

직감이나 통찰력(Insight)으로 문제의 원인을 파악할 수 있다면 굉장한 해결사임이 분명하다. 경험이나 학습을 통한 전문성의 확보가 필요한 이유이기도 하다. 전문가에도 수준과 내공의 차이가 있다. 그렇다고 수준 높은 전문가만이 문제 해결을 할 수 있는 것은 아니다.

아이를 키우는 엄마처럼 간단히 할머니의 도움을 받을 수 없다면 어떻게 하면 될까? 책을 읽어서 전문성을 높일 수도 있을 것이고 먼저 아이를 키워 본 친구의 조언을 받을 수도 있을 것이다. 이러한 것이 문헌 조사나 사례조사 혹은 벤치마킹에 해당한다.

우리는 학교에서 수많은 문제를 풀어 왔다. 기억에 남는 문제가 있는가? 수학 문제가 어려웠고, 영어는 점수가 기대만큼 나오지 않았는지? 학교에서는 문제를 풀기 위해서 공부를 했다.

사회생활을 하면서 접하는 문제에 대해서 어떻게 풀어나갈 것이냐를 공부해 본 적이 있는지? 사회인이나 직장인을 위해서 문제풀이를 해 주는 학원을 본 적은 없다. 사회나 직장에서 접하는 문제 전부를 학교에서 배우고 나왔으면 좋겠다. 어떻게 풀어야 할지 고민하지 않도록 말이다. 그렇지만 사회나 직장에서 접하는 문제들은 워낙 복잡하고 다양하다. 수학 문제처럼 학교에서 배우고 학원에서 미리 풀이해 주면 쉽게 해결할 수 있는 수준이 아니다.

사회생활을 하면서 어떤 사람들은 문제를 잘 해결하고 어떤 사람들은 그렇지 못하다. 문제 해결을 잘하는 사람들의 특징을 알아보고 훈련으로 습득할 수 있으면 좋을 것이다. 직장에서 한 가지 일을 잘하는 사람은 다른 일도 잘한다. 즉 업무 능력이 뛰어난 사람은 어떤 과제를 맡더라도 잘해낸다. 아는 것이 많고 지식이 풍부해서일까? 그렇다면 학교성적이 우수한 사람이 직장에서도 업무를 잘해야 하는데 반드시 그렇지는 않다.

문제를 제대로 해결하는 방법이 있다면 좋겠다는 생각을 해 본 적이 없는가? 문제 앞에서 느끼는 좌절과 스트레스를 날려 버리고 문제 해결을 재미있게 하는 방법을 알아보자. 여러분의 삶을 보다 보람되게 하고 선택의 폭을 넓혀 주는 계기가 될 것이다.

사회나 직장에서 접하는 문제 전부를 학교에서 배우고 나왔으면 좋겠다. 어떻게 풀어야 할지 고민하지 않도록 말이다. 그렇지만 사회나 직장에서 접하는 문제들은 워낙 복잡하고 다양하다. 수학 문제처럼 학교에서 배우고 학원에서 미리 풀이해 주면 쉽게 해결할 수 있는 수준이 아니다.

문제 인식은 질문으로부터

질문을 받아본 적이 있을 것이다. 순간적으로 당황스럽다. 정답을 말해야 하는데 정답인지 자신이 없다. 서구 사람들은 일상생활이나 일에서 자연스럽게 질문하고 답을 한다. 답의 내용도 아주 다양하다. 우리도 이제 질문과 답을 좀 더 자연스럽게 받아들여 보자.

질문은 Question이다. 문제는 보통 Problem이다. 비슷한 영어 단어를 살펴보자. Issue, Mission, Risk, Trouble, Conflict… 학교에서 시험문제는 Question이다. 면접은 Interview이다.

사회생활에서 생기는 불확실한 일들은 Issue가 될 것이고, 갈등이 발생하면 Conflict, Trouble이 된다. 해결할 임무로 부여된다면 Mission이 되고, 기존의 상황을 불안정하게 만들 가능성이 있는 것들은 Risk가 된다. 문제가 임무 형태로 부여되면 일(Task)이 되기도 하고, 일정 기한과 목표가 부여되면 과제(Project, Agenda)가 된다. 이처럼 문제는 다양한 형태로 나타나며 다양한 용어로 표현된다.

실제로는 다양한 문제를 접하면서도 문제를 인식하지 못하는 경우가 많다. 문제를 인식하려면 어떻게 해야 할까? 질문을 해 본 적이 있는가? 최근에 누구에게 어떤 질문을 했는지 생각해 보자. 자신에게 질문한 것이라도 좋다. 그런 기억이 없다면 문제의식이 없다고 보아도 된다.

질문 방법에도 요령이 있다. 누구에게, 어떠한 주제로 하느냐에 따라 다를 것이다. 친구나 동료에게 질문을 해보자. 친구나 부인 혹은 남편에게도 질문을 하자. 어떠한 질문을 할 것인가?

"나를 어떻게 생각하느냐?"는 질문을 하면 "왜 무슨 일 있느냐?"고 반응할 것이다. 상대방에 대해 "요즘 어떠냐?"고 물으면 가볍게 넘어가기도 하고, 왜 갑자기 그런 질문을 하느냐고 반문하기도 할 것이다. 이러한 질문은 분위기를 좋게 하는 질문일 수는 있으나 문제의식이 있어서 하는 질문은 아니다. 문제의식이 있는 질문은 계획된 목적을 가지고 미리 준비되어야 한다.

신상품의 개발전략을 수립하기 위해 시장조사를 한다면 신상품의 대상이 되는 고객을 분류하고, 미래의 고객이 궁금하게 생각 할 사항들을 추측하여 정리하거나 실제 사전 조사를 통해 질문 목록을 만들 것이다. 질문지를 잘 만들면 시장조사는 반 정도 성공했다고 볼 수 있다.

질문이 중요하다. 이제 모든 현상에 의문을 가지고 질문을 만들어보자. 오늘 나는 아무런 일이 없었다. 왜 없었을까? 내일은 무슨 일이 발생할 것 같은가? 발생할 가능성이 있다면 왜 그런가?

맡은 업무가 있다면 계속 '왜(Why)'라고 질문해보자. 왜라는 질문을 반복하면 문제가 분명해진다. "왜?"라고 세 번 이상, 다섯 번 이상이라도 문제의 원인을 알 수 있을 때까지 반복하는 것이다.

〈그림 1-2〉에서와 같은 구조로 무슨 일이 있다면 왜 그런 일이 발

생하였고, 그런 일은 또 왜 발생하였는가 하는 단계를 여러 번 반복해 보는 것이다. '무엇이-왜'라는 질문을 통해서 구체적인 문제를 인식하는 방법이다.

<그림 1-2> 문제를 인식하는 What & Why

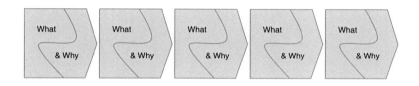

예를 들어서 지금 머리가 아프다는 현상에 대해 왜 그런지 질문해 보자. 어젯밤 잠자리에 늦게 들었다. 왜 잠을 못 잤는가? 친구와 다투었던 일을 생각하느라 늦었다. 왜 친구와 다투었는가? 약속 시간을 지키지 않아서이다. 왜 약속 시각을 지키지 않았을까? 습관적으로 약속 시각을 어기는 친구이다. 그렇다면 지금 머리가 아픈 문제의 근본 원인은 친구가 약속 시각을 지키지 않는 습관 때문이다. 친구가 약속 시각을 지키지 않는 것이 모든 문제의 원인이다. 약속 시각을 잘 지키지 않는 사유를 파악해서 약속 시각을 지키도록 만들어 가거나 약속 시각을 잘 지키는 친구와 사귀면 문제는 해결된다.

문제를 쉽게 파악할 수도 있지만 복잡한 문제는 무엇이 문제인지 그 원인 파악 단계부터 어렵다. 나보다 먼저 경험한 사람이나 전문가가 있다면 만나서 물어보면 된다. 그렇다고 해서 그냥 "요즘 시장이 왜 이리 어렵지요? 좋은 방안 없어요?"라고 하면 너무 질문이 일반적이어서 구체적이고 명확한 대답을 얻기 어려울 것이다. 원하는 대답을 얻고 싶다면 사전에 질문을 준비해야 한다. 질문을 준비할 때는 질문의 목적을 분명히 해야 한다. 문제 해결을 위한 질문의 목적은 첫째, 바람직한 상태와 현재 상태의 차이가 무엇인지를 파악하기 위함이다. 둘째, 그 차이를 발생시키는 장애물을 어떻게 제거할 것인지를 알기 위함이다.

상황에 따라 문제는 다를 수 있다

아무런 준비를 하지 않고 데이트에 나가는 사람은 없을 것이다. 외모도 신경 쓰고 상대방이 좋아할 만한 장소를 물색하고 지루하지 않은 대화거리도 생각할 것이다. 가끔은 참신한 아이디어로 감동을 주려고 노력도 한다. 그런데 결혼을 하고 나서 시간이 지나고 나면 데이트를 위한 준비를 하지 않는다. 여러 가지 이유가 있겠지만, 상대에 대한 평가 기준과 평가항목이 바뀌어서일 것이다.

연인으로 있을 때와 결혼을 한 이후 상대방에 대한 평가 기준이 어떻게 다른지 생각해 보자. 상대방에 기대하는 것과 감동을 줄 수 있는 요소가 다르다고 착각하는 이유를 알 수 있다. 데이트 시에 중요시하던 외모, 대화, 새로움과 감동을 더 이상 우선적 고려사항으로 생각하지 않는다. 대신에 생활안정과 휴식이 중요한 가치가 된다. 평가 기준이 달라졌다고 생각하기 때문에 행동도 달라지는 것이다.

데이트를 할 때에는 얼마나 호감을 주고 감동을 주는가가 중요하다. 호감을 주기 위해서 어떻게 행동하느냐가 문제 해결능력이다. 호감을 끌어내기 위해 어떻게 해야 하는지에 대한 정답이 있는 것은 아니지만 각자 나름의 방식으로 풀어나갈 것이다. 결혼 이후에는 데이트 시에 호감을 주기 위한 활동은 줄이거나 없던 것으로 하고, 생활 안정이나 휴식을 우선 해결할 문제로 인식한다.

부부가 상의해서 우리의 평가 기준은 생활안정이나 휴식이 아니라 서로에게 호감을 주는 것이라고 정의를 다시 하면 어떻게 될까? 단순히 재정의한다고 해서 데이트하던 시절로 돌아가기는 쉽지 않을 것이다. 그렇더라도 서로에 대한 관심이 어떻게 바뀌고 있는지를 알게 되고, 또한 결혼생활의 변화를 위한 노력은 하게 되지 않을까?

그렇다면 회사나 직장에서 해결할 문제를 잘 풀고 주변으로부터 좋은 평가를 받으려면 어떻게 해야 하나? 맡은 업무를 잘하면 된다. 정답이다. 맡은 업무를 어떻게 하는 것이 잘하는 것일까?

조직마다 여러 가지 다른 방법으로 구성원들을 평가한다. 평가방법에는 KPI(Key Performance Indicator)나 MBO(Management By Objectives) 방식에서부터 코칭을 겸한 상시 리뷰와 커뮤니케이션 방식도 있다. 당연히 상세한 평가항목과 평가 기준이 있다. 평가자에 대한 교육과 피평가자에 대한 설명도 이루어진다.

직장에서의 업무는 주로 과제나 프로젝트를 기반으로 해서 이루어진다. 물론 신입에게는 단순한 일들이 주로 부여되겠지만, 시간이 지날수록 어려운 숙제가 주어지게 된다. 이러한 프로젝트의 성과가 어느 정도인지, 당초 기대했던 목표에 도달했는지를 알고 싶어 한다. 프로젝트이든 숙제이든 업무수행의 결과를 주기적으로 심사하는 것이 평가이다. 업무수행의 성과나 결과는 각자의 문제 해결역량이 어느 정도이냐에 따라 달라진다. 다시 말하면 직장에서 평가를 잘 받고 인정받는다는 것은 문제 해결역량이 있다는 의미다. 그런데 평가라는 말을 들으면 거부감부터 먼저 생긴다. 우리는 많은 평가를 받으면서 살아오고 앞으로 그렇게 살아가야 함에도 평가는 불편하다. 언제 좋은 평가를 받았던 기억이 있는가? 무엇 때문에 좋은 평가를 받았다고 생각하는가? 시험에 문항별 해답과 채점 기준이 있듯이 평가에도 평가항목과 항목별 정의가 정리되어 있다.

평가가 없는 세상을 생각해 보자. 직장인들이 가끔 상상하는 세상이다. 안타깝게도 그런 세상은 절대 오지 않는다. 열심히 살아가는 사람과 그렇지 않은 사람을 선별하고, 성과가 있는 곳에 보상을 해주는 것이 합리적이고 공정하기 때문이다.

사회생활에서 마주하는 대부분 문제는 정답도 없고 해답도 없다. 심지어는 평가 기준도 모호하다. 상황에 따라 달라지기도 하고 평가를 하는 상사나 고객의 선호에 따라 점수가 달라지기도 한다. 기왕에 평가를 받는다면 잘 받아야 한다. 우리는 매일 만나는 사람들로부터 좋은 인상을 남기고 싶어 한다. 좋은 인상을 남기기 위해서 무엇을 준비하는지 생각해 보자.

조직생활을 하든 가정생활을 하든, 아니면 조직생활과 가정생활을 위한 준비를 하고 있든, 당면한 이슈가 있을 것이고 이를 해결하기 위한 활동을 끊임없이 하고 있다. 우리에게 주어진 과제를 해결하기 위해 어떠한 준비를 하고 어떠한 노력을 하여야 하는지 생각해 보아야 하지 않겠는가? 그런데 왜 아무도 문제 해결능력을 높이려고 하지 않고, 아무도 가르쳐 주지 않는지 궁금하다.

문제 해결능력을 향상하는 방법이 있다면 알고 싶지 않은가? 같이 한번 생각해 보기로 하자. 문제 해결능력은 노력하면 향상할 수 있는 것인지, 어떠한 스킬을 연마하면 더욱 세련되게 잘할 수 있는지 생각해 보자. 찾아보면 문제 해결능력을 높이기 위해서 고민하고 연구한 자료도 많이 존재한다.

문제 해결 능력은 숙달될 수 있다

문제 해결 능력도 이론이 있고 기법이 있다. 감기에 걸려서 열이 난다면 어떻게 해야 하는가? 먼저 병원을 찾아가서 진료를 받고 처방을 받아서 약을 먹고 쉬면 된다. 해결사인 의사는 어떻게 양성되었는지 생각해 보자. 관련 전문지식을 일정 기간 공부하고 의사시험을 통과한 이후에 또 상당 기간의 수련과정을 거쳐서 진료하게 된다.

그런데 감기를 스스로 해결한다면 어떻게 해야 할까? 의학전문지식을 조사하고 그에 따른 처방을 찾아내서 약에 상응하는 물질을 만들어서 섭취하고 쉬면 된다. 간단한 감기는 스스로 판단해서 일정 기간을 참으면서 극복하는 것이 일상적이다. 특히 외국에서는 감기로 병원을 찾는 경우는 드물다.

기업에서 구성원들의 활력을 높이는 방안을 마련하는 프로젝트를 만든다면 어떻게 하면 될까? 조직문화에 따라 프로젝트를 수행하는 방법도 다양할 것이다. 외부 전문 컨설팅 기관에 의뢰해서 글로벌 기업들의 사례를 포함해서 종합적으로 연구하는 경우도 있다. 전문기관에서는 우선 구성원들의 니즈를 인터뷰와 그룹 토의를 통해서 정확히 파악하고, 대책 방안을 전략적으로 구성해서 최고경영자 앞에서 프레젠테이션하고 손뼉을 치면 된다. 그런데 어떤 기업들은 기업 내의 구성원들이 삼삼오오 모여서 자체 토의(브레인스토밍)를 하고 그 결과를 모아서 상사에게 보고하고 그 대책들을 모아서 실행할 수도 있다. 또 어떤 곳은 조직별로 알아서 저녁에 모여서 소주 한 잔씩 하고 힘내서 열심히 하자고 하고는 끝내는 때도 있다.

어떤 방법이 가장 좋을까? 한때 유행했던 이야기가 있다. 사무실에 뱀이 한 마리 들어온다면 S그룹과 K그룹 및 H그룹의 대응이 어떻게 다른지에 대한 이야기다. S는 외부전문가를 부르고 전문가에게 원인과 대책을 들은 다음 제시된 방안에 따라 뱀을 잡기 시작한다. K는 내부의 관련 부서 책임자들이 모여서 열띤 토의를 하고 그 결과 도출된 방안에 따라 뱀을 퇴치하기 시작한다. H는 먼저 잡고 아무 일도 없었던 것처럼 일상으로 돌아간다는 것이다.

문제 해결 방법에 정답이 있는 것은 아니다. 정말로 집에 뱀이 들어왔다면 어떻게 할 것인가? 들어올 때마다 119로 연락해야 하는가? 한번은 부를 수 있겠지만, 다시 들어오지 못하도록 뱀에 대한 대책을 스스로 세워 두어야 하지 않을까?

스스로 문제 해결을 해야 한다면 어떻게 문제 해결능력을 키울 것인가? 사회생활은 문제 해결의 연속이다. 문제 앞에 당당해지고 싶지 않은가? 문제 해결 전문가가 되기 위해 반드시 알아야 할 내용이 무엇인지 생각해 보자. 문제 해결 시에 더욱 간편하게 사용할 수 있는 현상파악 방법이나 적정한 해결책을 도출하는 기법들을 미리 익혀서 활용해 보자.

문제 해결의 전문가가 되려면 기법을 알아 둘 필요가 있다. 문제의 원인과 본질에 더 쉽고 빠르게 접근할 수 있기 때문이다. 이러한 기법을 통해서 원하는 해결책, 참신한 해결방안을 효율적으로 찾아낼 수 있게 된다.

그림을 잘 그리기 위해서는 먼저 기법을 익혀야 한다. 그렇지만 그림 그리는 기법을 익힌 것만으로 바로 예술가가 되는 것은 아니다. 이와 마찬가지로 문제 해결을 위한 다양한 기법을 익혔다 해서 그 즉시 문제 해결의 전문가가 되는 것은 아니다.

<그림 1-3> 문제 해결 능력

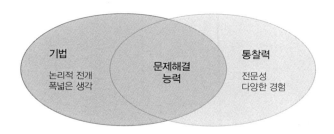

<그림 1-3>은 문제 해결 능력을 높이려면 무엇이 필요한지를 형상화한 것이다. 문제 해결 기법을 활용하면 논리적 전개와 폭넓은 생각을 할 수 있도록 도와준다. 문제 해결 능력 향상을 위해 기법 습득을 포함하여 문제에 대한 전문성과 다양한 경험, 이를 바탕으로 한 통찰력도 필요하다. 통찰력은 문제 해결 기법을 익히는 과정에서 많이 터득되기도 하지만 해당 분야에 대한 전문성과 다양한 경험을 통해서 점차 수준이 높아지게 된다.

해당 주제에 필요한 전문성이 부족한 경우에 통찰력을 확보하려면 다른 전문가의 도움을 받으면 된다. 또한, 경험이 부족한 경우에는 사례 조사나 벤치마킹, 먼저 검토해 본 선배의 식견 등을 빌려서 경험을 보완할 수도 있다.

본서에서는 문제 해결 기법과 동시에 통찰력을 높이려면 어떻게 하면 되는지에 대해서도 설명하고자 한다.

논문을 작성하는 것과 문제 해결을 한다는 것은

학교에서 리포트를 작성해 본 적이 있을 것이다. 일반적으로 글을 논리적으로 작성해야 할 때는 서론, 본론, 결론 혹은 기, 승, 전, 결의 형태로 작성한다. 논문 작성도 일반적인 글쓰기의 형태를 따른다.

논문작성을 위해서는 자료의 정리와 연구 결과물 제시라는 과정이 필요하다. 이러한 연구의 과정과 문제 해결은 기본적으로 현상을 분석해서 의미 있는 시사점을 제시한다는 점에서는 유사하다.

특히 사회과학의 연구논문은 결과에 영향을 미칠 수 있는 다양한 요인을 사전에 정리하고 치밀하게 설계(조작)된 연구모형에 의한 분석과 신뢰성 검증이 필요하다는 측면에서 더욱 체계적이기는 하다. 그렇지만 실행 가능한 대안을 제시하기보다는 이론적 가능성이나 일반화를 통해 전제조건이 성립할 때에 실현될 수 있는 요건을 제시한다는 측면에서 차이가 있다.

반면에 문제 해결은 논리적으로 접근하면서도 다양한 요인을 인위적으로 조작해서 설계하지 않고 현상을 있는 그대로 분석한다는 점과 분석결과를 바탕으로 실행 가능한 대안을 제시하고 대안이 실현될 수 있도록 변화관리까지 고려한다는 점에서 다르다고 볼 수 있다.

사회과학 분야의 일반적 연구논문 작성 절차와 문제 해결 과정을 그림으로 요약해서 보면 〈그림 1-4〉와 같다.

연구논문의 일반적인 순서는 연구의 목적이나 범위, 이론적 배경 조사, 연구설계, 실증분석, 결론으로 이루어진다.

【연구논문 작성 절차】

① 연구의 목적은 연구의 취지나 배경, 연구의 방법과 절차, 연구의 범위 등을 다룬다.

② 이론적 배경은 문헌 조사, 최근 연구 동향, 선행연구에 대한 검토 등을 조사해서 정리하는 것이다.

③ 연구설계는 독립변수와 종속변수, 이것에 영향을 미치는 매개변수를 분류하고 인구 통계적 분류(Demographic Segmentation) 등 조절변수를 정리하는 연구모형 설계와 연구의 가설을 설정하는 것이다.

④ 정보 수집을 위한 설문지 구성 혹은 데이터 수집 등 측정 도구 작성, 표본설계와 분석방법 등도 포함하여 설계를 한다. 상세한 설계를 바탕으로 자료를 수집하는 단계이다.

⑤ 실증분석은 측정 도구의 신뢰성, 합리성을 분석한 다음에 가설을 검증하고, 결과 해석 및 검증된 결과의 일반화 가능성을 판단해 보는 단계이다.

⑥ 결론은 연구결과의 시사점과 향후 과제 등을 정리하여 제기하면서 마무리하면 된다.

<그림 1-4> 연구논문과 문제 해결 과정 흐름

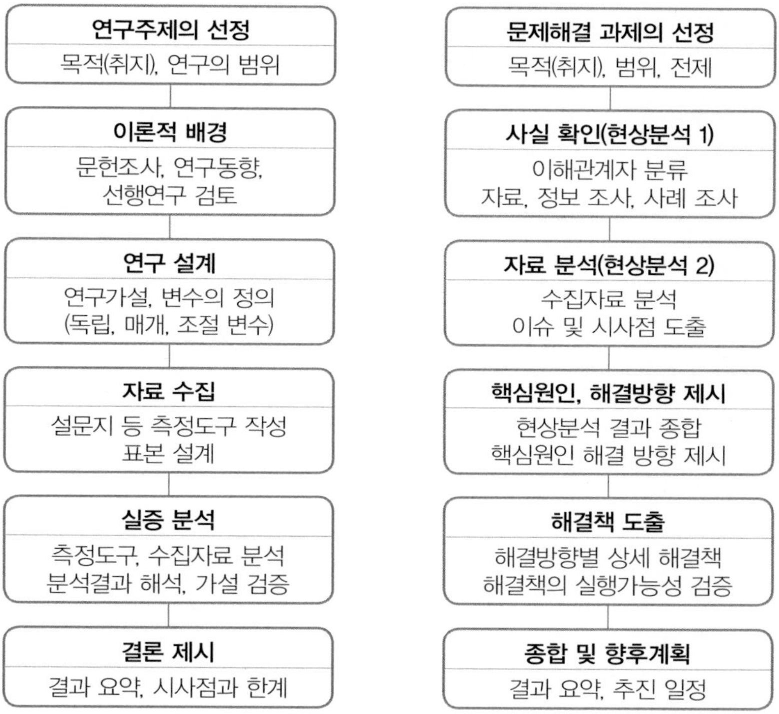

연구논문 프로세스	문제 해결 프로세스
연구주제의 선정 목적(취지), 연구의 범위	**문제해결 과제의 선정** 목적(취지), 범위, 전제
이론적 배경 문헌조사, 연구동향, 선행연구 검토	**사실 확인(현상분석 1)** 이해관계자 분류 자료, 정보 조사, 사례 조사
연구 설계 연구가설, 변수의 정의 (독립, 매개, 조절 변수)	**자료 분석(현상분석 2)** 수집자료 분석 이슈 및 시사점 도출
자료 수집 설문지 등 측정도구 작성 표본 설계	**핵심원인, 해결방향 제시** 현상분석 결과 종합 핵심원인 해결 방향 제시
실증 분석 측정도구, 수집자료 분석 분석결과 해석, 가설 검증	**해결책 도출** 해결방향별 상세 해결책 해결책의 실행가능성 검증
결론 제시 결과 요약, 시사점과 한계	**종합 및 향후계획** 결과 요약, 추진 일정
연구논문 프로세스	문제 해결 프로세스

반면에 문제 해결은 과제의 목적, 사실확인과 사례조사, 이슈가 되는 장애물 파악과 주된 원인 도출, 주요 원인별 해결책 제시, 향후 계획 순으로 하는 것이 일반적이다.

【문제 해결 절차】

① 과제의 목적 검토에서는 과제가 제기된 배경이나 과제를 해결하고자 하는 취지 등을 바탕으로 과제를 추진하는 의미를 확인하여 구체화한다. 필요하다면 과제의 범위나 한계, 전제사항을 정리하는 것을 포함한다.

② 사실확인과 사례조사는 현상분석의 한 단계에 해당한다. 사실을 바탕으로(Fact-based) 해서 바람직한 상태와 현재 상태의 차이(장애물 혹은 이슈)를 확인하는 것이다.

이해관계자 파악과 분류(Segmentation), 이해관계자별 관점의 차이도 확인하여야 한다. 데이터 수집 및 분석, 설문이나 인터뷰 등에 의한 의견수렴도 필요하다. 아울러서 좋은 사례(Best Practice)를 찾아보고 사례 조사(Bench Marking)도 하여야 한다.

③ 사실 확인과 함께 조사된 자료와 사례를 종합적으로 정리하고 분석해서 의미 있는 이슈와 시사점을 찾아보아야 한다. 전체적으로는 현상분석에 포함되는 단계로써 사실 확인과 동시에 할 수도 있다.

④ 핵심원인 도출 단계에서는 현상분석에서 파악된 이슈와 장애물,

시사점 중에서 문제 발생의 근본 원인에 해당하는 중요원인을 정리하고, 중요원인에 대한 해결방향을 제시하면 된다.

⑤ 해결책 제시는 해결방향을 실행할 수 있도록 구체적인 해결책을 찾고, 변화관리를 포함한 추진방안을 제시하는 과정이다.

⑥ 마지막으로 해결책의 추진방안에 대해 종합적으로 요약하고, 언제, 누가 실행한다는 계획을 분명하게 하면 된다. 이해관계자의 저항이 예상되는 경우에는 예상되는 저항 이슈와 이의 완화, 차단을 위한 대응계획 등도 포함되어야 할 것이다.

사회생활을 하면서 접하는 과제, 특히 직장에서의 업무는 대부분 문제 해결 방식을 따라서 하면 된다. 연구논문 작성과는 다르다. 연구논문은 이론적 배경이 분명해야 하고, 선배들이 먼저 연구한 결과를 정리해서 추가로 연구하려는 대상이 무엇인지 확실히 하여야 한다. 또한, 조사내용에 대해 통계적 방법으로 분석하고 통계분석 결과를 제시해 두어야 한다. 이처럼 연구논문을 작성하는 경우에는 조사방법론과 통계에 대한 기본적인 지식을 요구하지만, 문제 해결의 경우에는 반드시 그런 지식이 필요한 것은 아니다. 다만 더욱 설득력 있고 체계적으로 접근하기 위해서 문제 해결에서도 조사방법론과 통계적 지식을 알아 두면 좋다.

실제 직장생활을 하기 전이나 직장생활을 하면서 체계적으로 문제 해결 과정을 배워 본 적이 있는 직장인은 별로 없을 것이다. 문제 해결 과정은 컨설팅 업무를 수행하는 컨설턴트들이 컨설팅 회사에 입사하면 단계별로 여러 가지 접근 기법과 동시에 배우는 경우는 더러 있는 것으로 안다.

컨설팅 회사에 입사하지 않더라도 체계적으로 정리된 문제 해결의 기술을 미리 배울 수 있다면 다양하게 주어지는 과제나 업무들을 원활하게 수행할 수 있게 된다.

이 책은 문제 해결 과정에 대한 스킬을 습득하고 현업 실무에 응용할 수 있도록 사례도 함께 포함하였다. 아울러서 생각하는 방법의 깊이를 더하고 실현 가능한 솔루션을 체계적으로 제시하는 방법론도 제시하고 있다. 이 책을 통해서 논리적으로 문제를 해결하고 결과물을 효율적으로 전달하는 능력도 향상할 수 있는 계기가 되었으면 한다.

문제 해결 : 현재의 상태가 바람직한 상태와 차이가 나는 원인을 찾아서 원하는 상태로 돌려놓는 것이다.

문제 인식 : 무슨 일이 있다면 왜 그런 일이 발생하였고, 그런 일은 또 왜 발생하였는가를 여러 번 반복해서 질문해 보자(What & Why 반복).

문제에 대한 평가 : 문제가 발생한 상황이나 여건, 해결하고자 하는 목적에 따라서 무엇이 문제인지를 판단하는 기준은 달라진다.

문제 해결 능력 : 통찰력과 문제 해결 기법으로 문제 해결 능력을 높일 수 있다. 통찰력은 전문성과 다양한 경험, 기법은 논리적 전개와 폭넓은 생각이다.
문제 해결 능력=f {통찰력(전문성&경험), 해결기법(논리&생각)}

문제 해결 과정 : 과제 선정 > 사실 확인 > 자료 분석 > 핵심원인 및 해결방향 제시 > 해결책 도출 > 향후 계획 순으로 하는 것이 일반적이다.

CHAPTER 2
제대로 전달하기

1. 전달이 필요하다

　　　　　　　현상을 분석해서 문제가 발생하는 원인을 파악하고, 원인을 제공하는 장애물을 제거할 수 있는 해결책을 찾아내는 것으로 문제 해결이 끝난 것은 아니다. 실행이 필요하다.

문제 해결을 위해 해결책을 제대로 실행하려면 의사 결정권자의 판단과 이해관계자와의 공감대 형성이 필요하다. 현상분석과 해결책 도출을 위해 노력한 결과물을 의사 결정권자와 이해관계자들이 이해하고 공감할 수 있도록 전달하여야 한다. 보고, 설명, 회의 등 여러 가지 방법으로 전달은 이루어진다.

전달이 제대로 되기 위해서 우선 전달이 가능한(deliverable) 결과물을 만들어야 한다. 결과물을 적절한 표현을 사용해서 공유하는 커뮤니케이션 또한 전달의 주요한 과정 중의 하나이다.

【김부장과 최과장 EPISODE 2】

10:00 AM, 교통 데이터 제공 전문 'T-DATA' 본사 회의실 903호

김부장 : 일주일 후의 '착수보고회'에 대한 사전 조율을 하기 위해 오늘 이 자리를 마련했습니다.

박차장 : 안녕하세요, 이번 프로젝트를 책임지고 진행할 D-ANAL의 박차장입니다. 사전 조사를 통해 현재 문제가 무엇인지 어느 정도 파악했습니다. 저희는 이번에 분석하고자 하는 데이터가 너무 양이 많고 여러 서버에 분산된 부분이 가장 문제라고 판단했습니다. 또한, 관리 주체가 단일화되지 않아 업무의 중복과 비효율이 많은 것으로 생각됩니다. 이런 문제점을 분석하고 해결안을 찾는 방법을 제시하는 내용으로 착수보고를 하고자 합니다.

최과장 : 네, 저희가 생각하는 문제점도 거의 일치합니다. 기존에 다른 업체의 문제점도 많이 분석하셨으니 유사한 사례와 그 해결방법도 제시해 주시면 좋을 것 같습니다.

김부장 : 특히, 향후 비슷한 문제가 다시 발생했을 경우 우리 회사 직원이 이 문제를 해결할 능력을 갖췄으면 합니다. 이와 관련한 안도 마련해 주셨으면 합니다.

박차장 : 현상 분석, 기존 사례 조사와 벤치마킹, 향후 프로젝트 진행 일정, 그리고 사내 인력에 대한 교육 계획안 등을 모두 준비하려면 일주일은 조금 부족할 것 같습니다.

김부장 : 그럼 3주 정도 시간을 드리면 될까요? 저희는 빨리 진행하는 것보다는 내실 있게 해서 확실하게 실행 가능한 안을 제시받기를 원합니다.

박차장 : 네, 3주 정도 주시면 착수보고서에 말씀하신 내용을 넣을 수 있습니다. 잘 부탁드립니다.

김부장, 최과장 : 저희가 도리어 잘 부탁드립니다.

전달은 어떻게 하는가?

문제 해결을 위해서 작성한 결과물의 내용 즉, 해결책을 어떻게 전달할 것이냐도 큰 문제다. 해결책이 의사결정자의 관점과 시각에 부합하는지, 아니면 사실관계 분석을 통해서 의사 결정권자의 관점이나 시각을 조정해 줄 필요가 있는지도 살펴보아야 한다. 같은 내용이더라도 표현을 잘하면 효율적으로 전달할 수 있다. 전달이 제대로 이루어지는 데 필요한 결과물의 내용, 관점, 그리고 표현이 어떻게 되어야 하는지 살펴보자.

첫째는 결과물의 내용이다. 결과물이 애초 계획했던 목적이나 취지에 부합하게 작성이 되어야 한다. 특히 의사 결정권자나 이해관계자들이 이해할 수 있도록 사실을 바탕으로(Fact-based) 구성되고 논리적으로(Logical) 전개되어야 한다. 공감대 형성을 위해서는 성공 경험(Best Practice)을 공유하고 사례에서 나오는 시사점을 분명히 제시할 필요도 있다.

둘째는 의사 결정권자나 이해관계자의 관점(Concept)이나 시각(Frame)을 조정하여야 한다. 문제 해결 방향의 콘셉트(Concept)가 맞지 않으면 아무리 논리적이고 훌륭한 해결책이 제시되더라도 공감을 할 수 없기 때문이다.

콘셉트가 일치하더라도 현상을 분석하는 프레임(틀, Frame)이 다르면 곤란하다. 콘셉트는 사물이나 사건을 대하는 관점이나 가치관에 해당한다. 프레임은 개인적 입장이나 현실적 상황에 따라 달라질 수 있는 사물이나 사건을 보는 시각, 구도에 해당한다. 동일한 사실관계를 파악해서 현상을 분석하면서도 상반된 의견이 나올 수 있는 것은 개인이나 집단의 콘셉트나 프레임이 다르기 때문이다.

<그림 2-1> 사실(Facts)을 보는 프레임(Frame)과 콘셉트(Concept)

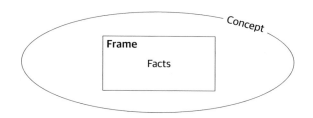

<그림 2-1>에서 보는 바와 같이 같은 사실관계를 보더라도 프레임과 콘셉트를 달리하면 다른 해석이 나올 수 있다. 특히 문제 해결사인 과제 수행자와 의사결정자인 상사의 가치관이나 문제를 보는 구도가 다를 경우에 전달에 어려움이 발생하게 된다. 최종 결과물이 나오기 전에 문제에 대한 콘셉트와 프레임을 일치시키는 활동이 필요한 이유이다. 콘셉트와 프레임이 다를 가능성이 있다면 중간보고를 자주 하여야 한다. 과제 수행자가 사실관계를 바탕으로 의사결정자의 관점과 시각을 새롭게 하거나, 그것이 어렵다면 의사결정자의 경험과

직관을 바탕으로 한 관점과 시각에 맞추어서 사실관계의 재구성이 필요하다는 것이다.

관점이나 사물을 보는 구도를 일치시키기 위해서 중간보고 혹은 문제 해결 단계별로 하는 사전 리뷰는 중요하다. 최종 결과물이 나온 이후에 콘셉트를 새로 잡고 프레임을 다시 설정한다면 원점에서 시작해야 하기 때문이다. 건축설계는 개념 설계(Concept Design)를 먼저 하고, 그다음에 기본 설계(Basic Design), 실시 설계(Working Design)의 순으로 이루어진다. 문제 해결도 개념(Concept)을 일치시키는 것부터 출발해야 한다.

셋째는 표현이다. 물론 형식보다 내용이 우선이다. 그렇지만 같은 내용이더라도 효율적으로 전달되어야 한다. 모든 것은 지나치지 않아야 하지만 부족해서도 곤란하다. 과유불급(過猶不及)은 문제 해결에서도 지켜져야 하는 원칙이다. 지나친 수식이나 미사여구도 안 되지만 너무 무미건조해서는 매력적이지 못하다.

제대로 전달되는 표현을 위해서는 목표관리를 할 때 흔히 적용하는 'SMART 원칙'을 적용하면 된다. 구체적이고(Specific), 될 수 있으면 수치화하거나 비교 가능한 상대적 수준으로 나타내며(Measurable), 달성 가능한 해결책을 제시하여(Attainable), 현실적으로 실행할 수 있도록 하고(Realistic), 추진일정이 분명(Time-based)하여야 한다.

전달능력은 훈련이 필요하다

전달(Delivery)은 의사소통(Communication)의 일종이다. 문제 해결 결과물의 전달은 커뮤니케이션의 일반원칙을 따르기는 하지만 다른 점도 있다. 예를 들어서 결과물을 보고받는 사람은 어떠한 해결책이 있는지 기대를 하고 들어보려 하고 이 문제에 관심이 있는 의사결정자이다. 이러한 측면에서 결과물을 전달하는 해결과제의 담당자는 의사결정자나 이해관계자의 기대감을 충족시키기 위해서 노력하여야하며 들어보려는 관심을 지속시키거나 높여나가야 한다.

먼저 상대방의 요구사항을 충족시키고 주제에 관한 관심을 지속시키는 수단을 취해야 한다. 문제 해결 과정 중에서 의사결정자의 관심사항과 이해관계자의 의견을 듣는 과정도 요구사항을 충족시키기 위한 것이다. 요구사항(Requirements)은 무엇을 원하고 있으며 어떤 기대감이(Needs, Wants & Expectations) 있느냐를 분명히 하는 것이다. 이를 확인하기 위해서 인터뷰와 중간보고가 필요하다. 인터뷰 스킬에 대해서는 별도로 설명하기로 한다.

다음으로 전달능력을 높이기 위해서는 커뮤니케이션을 원활히 하는 연습을 하면 된다. 미국의 심리학자 멜라비언 박사에 따르면 커뮤니케이션은 말이 7%, 음성과 억양이 38%, 비언어적인 바디 랭귀지 등이 55%라고 한다. 문제 해결 과정에서의 전달도 멜라비언의 법칙은 같게 적용된다는 것을 명심해야 한다.

커뮤니케이션 스킬은 개인적인 대화에서부터 회의 주재와 같은 퍼실리테이팅, 코칭, 협상, 갈등관리를 비롯한 컨설팅에 필요한 구체적인 방법들이 다양하게 있다. 여기에서는 컨설턴트에게 요구되는 커뮤니케이션 스킬, 즉 결과물 작성과 결과물을 전달하는 프레젠테이션 중심으로 다루기로 한다.

전달능력 향상을 위해서 필요한 공통적 사항 다섯 가지를 먼저 제시하면 다음과 같다.

1. 상대방의 마음을 얻어야 한다. 라포(Rapport) 형성이라고 한다. 평소 유대가 있다면 다행이지만 그렇지 않다면 짧은 시간에 신뢰감을 높이기 위해서는 전문성을 인정받으면 좋다. 때에 따라서는 적대적이거나 악의적으로 저항하는 예도 있다. 특히 많은 이해관계자가 반발심을 갖고 있을 때는 진정성만이 이를 극복할 힘이다. 진정성은 심리적 저항이나 거부감이 있는 상대방에게 프로젝트가 진행되면 구체적으로 어떤 이익을 얻게 되는지, 왜 진행되어야 하는지를 진심을 담아서 지속해서 알려주는 것이다. 일종의 변화관리(Change Management)가 필요하다.

2. 맥락을 짚어주어야 한다. 전체적 스토리 라인이 일관되게 정리되어 있어야 하며, 설명도 맥락 중심으로 일관되게 이루어져야 한다. 너무 세부적인 사항을 미주알고주알 말하다 보면 맥락을 놓칠 수

있다. 때에 따라서는 지엽적인 이슈로 논쟁이 길어지거나 방향성을 잃어버릴 위험성도 있다.

3. 사실관계는 명확하고 간략하게 설명되어야 하며, 항목별로 수치화해서 매듭을 지어 주어야 한다. 수치화되기 어려운 경우에는 대비되는 자료나 지표를 제시하면서 상대적인 수준이라도 알려 주어야 한다. 그렇지 않으면 같은 사실관계를 이해하는 정도가 듣는 사람에 따라 달라질 수 있기 때문이다.

4. 논리적이어야 한다. 현상분석에서 도출된 이슈와 대안에서 제시되는 해결책이 논리적으로 연결되어야 한다. 그렇다고 반드시 '왜냐하면 무엇 때문에(Why-Because)'로 연결되어야 하는 것은 아니다. '만약에 그렇다면(If~ then~)' 방식이나, '그러함에도 불구하고(Nevertheless~)' 방식도 논리적 비약이 없다면 활용하면 된다.

5. 핵심적인 사항은 패러프레이즈(Paraphrase) 하여야 한다. 이해를 분명하게 하도록 다른 말로 바꾸어서 알기 쉽게 풀어서 한 번 더 설명하는 것이다. 특히, 관점에 따라서 다르게 해석할 소지가 있는 경우에는 이런 과정이 더욱 필요하다.

속도냐 완벽이냐

과제를 수행하는 입장에서는 보다 완벽하게 처리하고 싶은 욕심이 생긴다. 그렇지만 과제 해결을 위한 연구를 완벽하게 하려면 끝이 없다. 수많은 선행연구와 사례를 검토하고 이해관계자의 의견 등 현상을 분석하다 보면 시간은 속절없이 흘러간다. 문제점이 도출되더라도 해결에 적합한 대안을 찾아내는 작업은 많은 노력과 시간이 필요하다. 그런데 시간이 흐르면서 현상도 변화하고 문제점도 누적되어 간다.

문제 해결 결과물의 전달도 타이밍이 중요하다. 문제 제기자 혹은 이해관계자 입장에서 해결책이 필요한 시점을 확인할 필요가 있다. 과제를 시작하는 시점에 결과물 전달의 타이밍을 고려해서 과제의 범위를 정해야 하며 과제수행 기간도 미리 정해 둘 필요가 있다. 과제의 범위와 수행 기간은 결과물 전달의 타이밍을 놓치지 않도록 하기 위한 것이다.

과제수행 기간이 정해져 있다고 하더라도 과제를 수행하면서 실천하여 문제점을 바로잡아야 할 경우도 있다. 필요하다면 과제를 검토하고 있더라도 바로 실행, 즉 즉실천(卽實踐, Quick Win)을 제안하여야 한다.

실제 문제를 해결하는 과정에서도 속도와 완벽처럼 상호 모순되어 조합이 어려운 상황이 많이 발생한다. 패러독스적 혹은 하이브리드적 상황이라고 한다. 패러독스적(역설적, 모순적) 상황이라고 하면 해결이 어려워 보이지만 하이브리드적(복합적, 혼합적) 상황이라고 하면 해결이 가능해 보이기도 한다. 그래서 개인적으로는 하이브리드적 상황을 선호한다.

속도와 완벽의 상황을 좀 더 알아보기로 하자. 속도와 완벽은 상호 조정될 수 없으므로 선택의 문제로 생각할 수도 있다. 선택의 문제라면 여러분은 어느 쪽을 택할 것인가? 정답이 있는 것은 아닐 것이다. 상황과 여건에 따라 선택이 필요하다.

<그림 2-2> 속도와 완벽의 선택

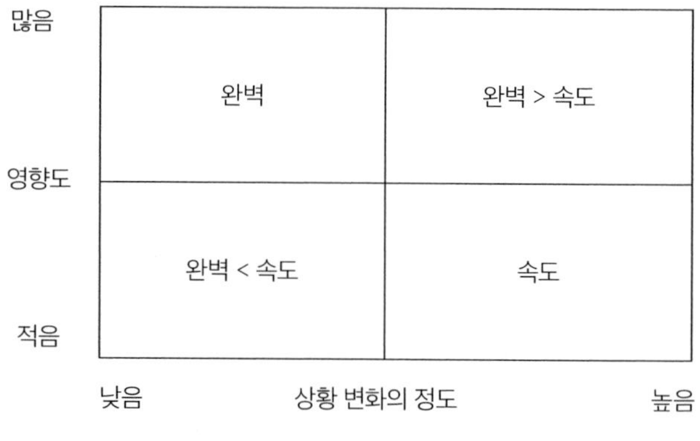

영향도	상황 변화의 정도 낮음	상황 변화의 정도 높음
많음	완벽	완벽 > 속도
적음	완벽 < 속도	속도

〈그림 2-2〉는 상황 변화의 정도와 영향도를 고려해서 속도와 완벽 중에서 어느 것에 중점을 둘 것인지를 정리한 내용이다. 상황의 변화가 급격하게 일어나고 있지만, 선택 결과가 전체에 미치는 영향이 높지 않다면 당연히 속도가 우선이다. 그렇지만 선택결과의 영향도가 크고, 여건의 변화가 빠르지 않다면 완벽을 선택해야 한다.

관점을 바꾸면 속도와 완벽을 조화롭게 적용할 수도 있다. 자동차의 예를 들어보자. 화석연료인 휘발유를 사용하는 차와 친환경 에너지를 사용하는 차는 서로 대체되는 개념에 해당한다. 그렇지만 하이브리드 자동차는 연료전지를 사용해서 친환경에 가까우면서도 휘발유 자동차의 장점을 그대로 유지할 수도 있다. 골프 클럽에도 이런 예시가 있다. 풀이 긴 러프 지역에서 비거리를 낼 수 있는 우드를 사용할 수는 없다. 그래서 러프에서 아이언처럼 사용할 수 있으면서 우드의 장점을 살린 하이브리드 클럽이 인기가 있다.

속도와 완벽함에 대해서도 상호 대체되는 것이 아니라 보완적으로 활용할 수 있다는 생각을 가지자. 즉, 완벽함에 가까우면서도 속도를 내고, 속도를 내면서도 완벽함에 가까워져야 한다. 지금은 그러한 시대가 오고 있다. 사물인터넷(IoT, Internet of Things)과 빅데이터(Big Data)를 통해서 현상분석에서 대안 제시까지 보다 스마트(Smart)해지고 있기 때문이다.

전달의 방법 : 전달이 가능한(Deliverable) 결과물을 제대로 전달하는 것은 업무수행 혹은 문제 해결의 한 과정이다.

<전달이 가능한 결과물 작성 방법>
① 결과물이 목적이나 취지에 부합하여야 한다.
② 문제를 보는 콘셉트(Concept)와 프레임(Frame)을 의사결정자 및 이해관계자와 조정, 일치시켜야 한다.
③ 표현은 SMART 원칙을 적용한다.
  Specific, Measurable, Attainable, Realistic, Time-based

전달능력 향상
① 라포(Rapport) 형성 : 상대방의 마음을 얻어야 한다.
② 일관성 있게 연결하면서 맥락을 짚어주어야 한다.
③ 사실관계는 명확하고 간략히 비교하여야 한다.
④ 현상분석 이슈와 해결책이 논리적으로 연계되어야 한다.
⑤ 핵심적인 사항은 패러프레이즈(Paraphrase) 하여야 한다.

속도와 완벽 : 선택이 아니라 하이브리드적으로 접근할 필요가 있다. 여건 변화의 정도와 영향도에 따라 어느 쪽에 우선을 둘 것인지 판단하고, 보고서 형식도 달리할 수 있다.

2. 보고서를 작성한다

문제 해결의 결과물을 고객에게 효과적으로 전달하기 위해서는 보고서가 필요하다. 일반적으로 보고서란 '어떤 일에 관하여 연구했거나 조사, 검토한 내용 또는 업무에 대한 사항을 타인에게 전달하기 위하여 작성한 문서'이다. 업무를 처리하거나 문제를 해결하는 과정에서의 보고서는 '이해관계자들이 의사결정을 하거나 공감대를 형성할 수 있도록 문제점과 해결책을 정리하여 제시한 문서'라고 할 수 있다.

기업이나 정부조직에서 업무효율을 향상하거나 일하는 방식을 개선한다고 하는 것은 보고서 작성의 효율을 향상하고 보고하는 방법을 개선하는 경우가 대부분이다. 왜냐하면, 많은 이해관계자가 존재하는 조직에서의 의사소통은 보고서 형태로 정리된 글을 통해서 효율적으로 이루어질 수 있기 때문이다.

조직생활을 하면서 접하게 되는 보고서는 우리가 일상적으로 하는 업무처리에서 필요할 뿐만 아니라, 특별한 연구와 검토하는 경우에도 필요하다. 조직에서 활동의 결과물은 보고서라는 형태로 정리해서 마무리하는 것이 일반적이다.

이러한 보고서는 조직운영과 관련된 다양한 이슈나 문제 해결을 효율적으로 하는 데 필요하다. 보고서 작성 과정을 통해서 많은 이해관계자의 의견을 듣고 참여시켜서 상호 이해의 폭을 넓히게 된다. 즉, 보고서 작성이 공감대를 형성하는 수단이 되기도 한다.

보고서가 없는 조직생활도 생각해 볼 수 있다. 그렇지만 효율적인 보고서는 커뮤니케이션을 원활하게 만들어 주고, 의사결정을 위한 논의를 쉽게 해 준다. 구성원들의 공감대 형성을 위한 설명과 교육에 활용할 수 있으며, 때에 따라서는 법률적, 공식적인 근거자료로도 유용하다. 무엇보다 중요한 역할은 문제점을 파악해서 해결책을 제시하고 실행할 수 있는 도구가 되기 때문이다.

【김부장과 최과장 EPISODE 3】

14:00 PM, 교통 데이터 제공 전문 'T-DATA' 본사 사무실

김부장 : 이번 프로젝트 착수보고서에는 과제수행 계획도 포함이 되는데 이 부분은 우리가 D-ANAL 사와 사전에 협의해서 만들어야 해.

최과장 : 제가 박차장님과 같이 작성하면 될까요?

김부장 : 모든 팀원이 참여해서 만드는 것이 좋겠어. 일단 우리 팀의 의견을 정리해서 박차장과 논의를 하거나 아예 처음부터 같이 회의를 하는 방법도 좋을 것 같아.

최과장 : 죄송한 말씀이지만 착수보고서를 작성하는 데만도 많은 시간과 노력이 드는데 이런 과정은 꼭 필요할까요? 바로 문제 해결을 위한 업무를 시작하면 시간이 더 절약되지 않을까 하는 생각도 듭니다.

김부장 : 프로젝트 착수 전에 이런 보고서를 만들고 과제 수행 계획도 미리 세우면 프로젝트 진행 시 외부 전문가들이나 우리 팀 내부에서도 의사소통에 유용한 자료로 활용할 수 있어. 결국, 더 시간을 절약할 수 있을 거야. 처음에 시작할 때 작업의 방향에 대한 공감대가 형성되어야 일하기에 편해.

최과장 : 박차장님이 보고서의 작성 방향에 관해 물어보시는데 어떻게 말씀 드릴까요?

김부장 : 검토목적, 현상분석, 이슈와 시사점 및 해결방향, 해결방향별 실행방안, 향후 계획 정도로 작성되면 좋겠어. 아직 현안에 대한 이해가 부족한 관련 부서도 많으니 연역식 보고보다는 귀납식 보고가 좋겠군.

특히 현상분석도 중요하지만, 해결책을 어떤 방향으로 제시할 것인지에 대해 많은 분량을 할애했으면 좋겠어.

최과장 : 이번 프로젝트를 하면서 김부장님께 많이 배우게 됩니다. 연역식, 귀납식 보고라는 개념도 이번에 처음 알게 되었습니다.

보고에도 유형이 있다

보고서는 목적에 따라서 계획 보고서, 동향(상황) 보고서, 실행결과 모니터링 보고서, 해결책 제안 보고서 등이 있다. 계획이나 동향, 모니터링 보고서는 문제 해결 과정 중의 일부에 대한 보고서로 볼 수도 있으나, 행사계획 자체나 상황 자체에 대한 보고를 위해서 별도로 필요한 때도 있다.

계획보고서는 보고 자체를 목적으로 할 수도 있지만, 함께 업무나 과제를 수행하는 구성원들 간의 커뮤니케이션을 위해서도 필요하다. 계획보고서는 목적과 취지를 밝히고 수행단계별로 해야 할 일과 담당, 일정을 명확히 해두면 된다.

행사 프로젝트의 경우에는 단계별로 시간 배분과 담당자 및 보조자의 역할과 행동 시나리오를 구체화해 두는 것이다. 때에 따라 주요 부분은 돌발상황 발생 시에 신속하게 대응할 수 있는 대안, 즉 Plan B까지도 준비해 두어야 한다.

문제 해결 과정에서의 계획은 과제의 시작 시점에 과제 팀원들이 함께 작성하면 좋다. 일반적으로 과제를 시작하거나 착수하는 모임인 Kick-off Meeting이나 Start-up Workshop에서 논의해서 정한다. 문제 해결 과제수행 계획에는 주제, 팀원 구성, 팀원별 업무분담, 일정 등이 포함된다.

<그림 2-3> 과제 추진계획서

1. 주제 :

2. 목적(취지 혹은 배경) :

3. 팀원 구성 및 팀원별 역할 :

4. 단계별 추진계획

	추진 내용	담당	일정
현상 분석			
문제점 도출			
해결책 제안			
실행방안 수립			
보고서 작성			

5. 향후 계획(보고 및 실행과 피드백 등)

<그림 2-3>은 일반적으로 많이 활용하는 과제 추진계획서이다. 계획서 작성 시에 과제수행의 목적이나 취지, 이해관계자 분류 등은

전 팀원이 함께 만드는 것이 좋다. 현상분석 단계에서 자료수집, 인터뷰, 사례조사 등은 팀원들이 역할을 분담해서 하는 것으로 정리하면 된다.

팀원 간 역할 분담은 필요에 따라 조정하여야 한다. 현상분석을 위한 자료조사 이후에 문제점이나 장애물이 무엇인지 파악하는 것은 팀원 전체의 의견을 다시 들어야만 한다. 팀원 전체의 문제점에 대한 중의가 모이면 문제점별로 분담해서 해결책을 찾고, 해결책에 대해서 종합할 때에 다시 전 팀원이 함께 논의하는 형태로 이루어진다.

이러한 일련의 과정을 과제 시작 > 현상 분석(자료 및 사례조사) > 문제점 도출 > 해결책 제안 > 해결책 결정 순으로 정리하고 팀원별 역할 분담과 일정을 정해두는 것이 '단계별 추진계획'에 해당한다.

단계별 추진계획에 따라서 실제 문제 해결 과정을 진행하고, 필요시에 상황이나 동향도 정리하여 보고한다. 중간보고인 상황보고서나 동향보고서는 현상분석 단계의 자료조사나 사례조사에서 활용된다. 이러한 상황분석과 동향분석을 포함하여 현상에 대한 자료나 데이터를 근거로 하여 문제를 야기하는 원인을 제시한다. 원인을 파악한 다음은 문제의 원인을 해소할 수 있는 해결책을 도출하여 정리하는 단계로 넘어가게 된다. 이러한 일련의 문제 해결의 전체 과정을 종합해서 결론인 해결책까지 제시하는 것이 종합 보고서로써 일반적으로는 기획서라고 불리기도 한다.

보고서를 작성 형태별로 분류해 보면 서술형의 보고서와 프레젠테이션 형태의 보고서로 나누어 볼 수 있다. 서술형의 보고서는 주로 동향 보고에 많이 활용된다. 종합보고서에서도 요약해서 핵심을 보고하거나 직접 만나서 보고하지 않고 서면이나 메일로 보고하는 경우에 서술형으로 보고할 수 있다. 그렇지만 여러 이해관계자를 대상으로 설명하거나 공감대를 형성해야 할 필요성이 많은 문제 해결 결과 보고서는 프레젠테이션 형태의 보고서를 작성하는 것이 일반적이다.

귀납식과 연역식 글쓰기

글쓰기는 생각하는 방법에 따라 표현방법이 달라질 수 있다. 일반적으로 글쓰기를 할 때 생각이나 논리의 흐름을 어떻게 전개하고 있는지를 살펴보자. 여러 가지 사실관계를 바탕으로 결론을 도출하는 때도 있고, 결론을 미리 생각한 다음에 왜 그러한 결론에 이르렀는지에 대한 사유를 설명하는 방식도 있다. 이처럼 생각이나 논리의 전개는 결론을 먼저 제시하는 연역적 접근이 필요한 때도 있고, 배경이나 현상을 먼저 설명하고 결론을 마지막에 제시하는 귀납적 접근 방법이 필요한 때도 있다.

귀납법적 접근은 구체적인 사례를 관찰하여 이로부터 결론을 도출하는 방법이다. 즉 구체적 자료와 경험적 통계치를 먼저 설명하고 이를 바탕으로 결론을 도출하는 경우에 유용하다. <그림 2-4>는 귀납적 로직 트리(Logic Tree) 사례이다. 품질과 관련된 여러 이슈를 관찰해서 유사한 것을 묶어서 정리해 보면 결론적으로 품질오류 제로화가 귀결이라는 것을 우측 마지막에 제시하고 있는 형태이다.

<그림 2-4> 귀납법적 접근 사례(귀납적 Logic Tree)

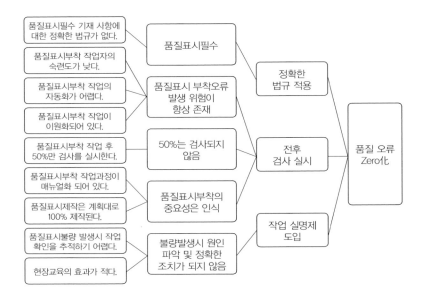

연역법적 접근은 결론을 먼저 제시하는 경우에 적합하다. 결론을 먼저 제시하면 간결하면서도 강인한 인상을 줄 수 있다. 또한, 일반적 사실로부터 특수한 상황을 증명해 나가는 경우나 가설을 설정하고 가설의 옳고 그름을 검증해 나가는 형태에도 활용하면 유용하다. 연역적 로직 트리는 〈그림 2-4〉의 귀납적 접근을 뒤집어 생각해 보면 된다. 적용 사례는 〈그림 3-10〉을 참고하기 바란다.

어떤 접근 방법이 좋다고 단정적으로 말할 수는 없다. 보고를 받는 사람의 주제에 대한 관심도와 배경지식 정도에 따라 달라져야 한다. 배경지식이 얕다면 현상분석이나 이슈도출 과정이 결론 못지않게 중요하므로 귀납적 접근방법이 바람직할 것이다. 그렇지만 배경지식이 충분한데도 불구하고 현상분석을 지루하게 하고 있다면 곤란하다. 오히려 결론을 먼저 제시하고 왜 그러한 결론에 도달하게 되었는지를 연역적으로 설명해 주는 것이 좋을 것이다.

<그림 2-5> 귀납법과 연역법적 접근 방법

	적음 ── 보고받는 사람의 배경 지식 ── 많음
높음 보고받는 사람의 관심도 **낮음**	③ 귀납법적 (정보 공유) │ ① 연역법적 (요약 보고) ④ 귀납법적 (연역법 혼용) │ ② 연역법적 (설득 논리)

〈그림 2-5〉는 배경지식과 관심도의 정도에 따라서 논리전개를 귀납적으로 할 것인지 연역적으로 할 것인지에 대한 방법과 보고서 유형을 어떻게 할 것인지를 정리한 표이다.

① 연역법적(요약 보고)

주제에 대한 배경지식이 많고 관심도도 높다면 결론을 먼저 제시하는 연역법적으로 접근하면서 요약해서 간략히 보고하면 충분하다.

② 연역법적(설득 논리)

배경지식은 많으나 관심도가 낮다면 관심을 높이기 위한 수단을 취해야 한다. 배경지식이 많으므로 결론부터 제시하는 연역법적으로 접근하되 상황이나 현상에 대한 분석은 좀 더 상세하게 제시하여야 한다. 특히 현상분석에서 설득논리가 필요하므로 사실을 바탕으로 수치화된 근거를 제시할 필요가 있다.

반면에 배경지식이 전반적으로 높은 편이나 일정 부분은 이해도를 높일 필요가 있다면 현상이나 이슈에 대한 분석을 먼저 설명하고 결론은 그 다음에 제시하는 귀납법적 접근이 좋다. 다만, 관심도의 정도에 따라 방법이 달라져야 한다.

③ 귀납법적(정보 공유)

배경지식은 얕으나 관심도가 높다면 먼저 현상에 대한 정보공유 차원의 보고를 중심으로 해야 한다. 관심이 높은 경우에는 배경지식만 충분히 알려주면 스스로 결론을 제시하면서 이해를 하게 된다.

④ 귀납법적(연역법 혼용)

배경지식이 얕으면서 관심도도 적다면 문제이다. 배경지식을 높이기 위해서 기본적으로 귀납법적으로 접근해야 하지만 관심도를 높이기 위해서 핵심이 되는 부분에서는 연역법적 방법을 혼용할 필요가 있다.

그리스, 로마 시대에는 수사학(Rhetoric)이 발달했다고 한다. 수사학이 발달한 이유는 대중을 대상으로 하는 연설이나 법정에서의 변론을 잘하는 사람이 지식인으로서 존경받았기 때문이다.

수사학은 문어적 언어와 시각적 언어를 포함해서 논리적으로 설득하고 전개하는 기술이다. 대표적인 방법으로 귀납법과 연역법이 있다. 인류는 고대 그리스, 로마 이전 시대부터 상대방을 어떻게 이해시키고 공감대를 형성할 것인가에 대해 고민하면서 귀납적 전개와 연역적 전개 방법을 발전시켜 온 것이다.

보고서 유형에 따라 논리전개 흐름을 정한다

보고서는 보고를 받는 사람을 고객으로 하고, 보고를 받는 고객이 수긍할 수 있는 해결책을 담고 있는 결과물이다.

고객에게 초점이 맞추어져야 하므로 보고하는 사람의 관점에서 과제 수행 내용을 순서대로 나열해서 결과물을 보여주는 것이 아니다. 즉 문제 해결 과정의 방법이나 순서를 보고서에 포함해서 보고를 받는 사람에게 자신이 고생한 바를 알릴 필요는 없다.

보고를 받는 사람이 원하는 핵심적 내용이 무엇이며 가려운 부분을 해소하기 위해서는 어떠한 해결책이 바람직하다는 내용이 제대로 전달되도록 표현하면 된다. 그렇다고 정답이 있는 것은 아니다. 귀납법적 접근과 연역법적 접근에서 설명하였듯이 보고를 받는 사람의 주제에 관한 관심 정도와 배경지식이 다를 뿐만 아니라, 보고를 받는 사람이 한 사람이 아닌 경우가 많기 때문이다.

먼저 결론부터 제시하는 연역법적 보고서는 결론 부분을 먼저 제시하는 것이다. 결론은 해결책의 제안과 해결책의 실행을 위한 건의나 상세 실행방안이 포함된다. 결론을 제시하고 나서 왜 그러한 결론에 도달하였는지에 대한 근거와 이유 및 현상분석 순으로 설명하고 일정계획을 제시하는 형태이다.

이러한 보고는 짧은 보고일 때 적합하며, 서술형으로 작성하는 때도 바람직하다. 보고서가 없이 말로 보고하는 경우에도 보고를 받는 사람의 집중도를 높일 수 있는 방법이다. 또한, 앞에서도 설명했듯이 보고 배경이나 현상에 대해서 많이 알고 있는 경우에도 활용하면 된다. 특히 의사결정의 신속한 처리를 필요로 하는 요즘 현실에 적합하여 많이 활용되는 보고서 형태이다.

결론부터 제시하는 연역법적 보고서의 일반적인 목차는 다음과 같다.

<그림 2-6> 연역법적 보고서 목차

1. 결론(건의사항, 실행방안)
2. (결론의) 근거 및 이유
3. 현상 및 현황 분석(* 2, 3은 통합 혹은 순서 변경도 가능)
4. 향후 계획

다음은 문제 해결 과제를 수행하는 경우에 대체로 많이 활용되는 귀납법적 보고서이다. 현상분석에서 결론인 해결책의 제시에 이르는 일반적 형태이기는 하나, 주의할 점이 있다. 현상분석부터 제시한다고 해서 현상분석에 너무 많은 양을 할애하면 곤란하다.

보고를 받는 고객의 최대 관심사인 해결책, 즉 개선대책이나 대안의 분량이 40~50% 정도는 되어야 한다. 보고서는 업무수행자의 노력 정도를 보여 주는 것이 아니라, 고객인 보고를 받는 사람이 우선되어야 하며 해결책을 제시하는 결과물이기 때문이다.

결론을 나중에 제시한 귀납법적 보고서의 일반적 목차는 다음과 같다.

<그림 2-7> 귀납법적 보고서 목차

1. 검토목적(연구배경, 필요성)

2. 현황 및 현상분석

(사례조사: 현상분석에 포함 혹은 별도 제목으로 분리 가능)

3. 분석결과 이슈(시사점) 및 해결방향

4. 해결방향별 실행방안(해결책)

5. 추진일정 및 향후 실행결과 모니터링 계획

<그림 2-7>에서 1번의 검토 목적이나 배경은 보고를 받는 사람의 관점에서 취지와 핵심내용을 파악할 수 있도록 작성이 되어야 한다. 목적은 과제의 중요성과 필요성이다. 좀 더 구체화하기 위해 과제와 관련된 이해관계자의 요구사항, 개략적인 이해관계자의 목소리(VOC, Voice of Customer) 및 관련된 예상 이슈와 과제의 범위 등을 포함해서 작성하면 더욱 좋다. 예를 들어서 업무 능력 향상을 주제로 하는 보고서의 목적은 <그림 2-8>과 같이 작성할 수 있다. 업무 능력 향상의 중요성을 먼저 제시하고 회사 측면에서의 필요성과 구성원 개개인 측면에서의 필요성을 동시에 설명하는 형태이다. 업무 능력 향상의 이해관계자인 회사와 구성원의 니즈, 즉 요구사항이나 의견에 대한 개략적인 내용을 알 수 있도록 정리되어 있음을 알 수 있다.

<그림 2-8> '업무 능력 향상' 과제의 검토목적 작성 사례

▫ 경영환경 변화에 효과적으로 대응키 위해 어느 때보다도 인적 경쟁력 확보가 필요하며, 이의 조기 추진을 위해 구성원 개개인의 업무 능력 현황을 점검하고 체계적 향상 방안의 수립이 필요함
  - 회사 측면 : 효율적인 인력운영과 업무효율 향상 및 도전적 조직 문화 조성
  - 개인 측면 : 개인별 역량 향상으로 고용 브랜드 제고와 개인별 경력개발 가능 및 업무성과에 따른 파격 보상의 기회 확보

　목적이나 배경을 반드시 작성해야 하는지는 판단이 필요하다. 보고를 받는 사람이 과제의 목적을 충분히 알고 있다면 굳이 적을 필요가 없다. 특히 결론부터 제시하는 연역적 방식의 보고서는 목적이 없는 것이 좋을 수도 있다. 그렇지만 목적이나 배경을 반드시 밝혀야 하는 경우도 있다. 보고를 받는 사람이 과제에 대한 관심도가 낮거나 배경지식이 없는 경우, 목적을 명확히 해서 과제의 성격과 범위에 대한 공감대를 형성할 필요가 있을 때 등이 이에 해당한다.

　다음은 〈그림 2-7〉의 2번 단계로 현상분석 결과를 작성하는 것이다. 현상분석에는 내부여건이나 외부환경 분석, 현황 등 운영실태 분석, 사례조사나 벤치마킹 등이 이에 해당한다. 필요시에는 전문가 의견, 전문서적이나 선행연구 조사를 포함한다. 현상분석 결과는 양이 많은 경우가 많지만, 핵심적인 메시지만 전달하면 된다.

　상세내용이 필요하다면 자료를 첨부하면 된다. 현상분석이 전체 보

고서의 절반을 넘어서지 않도록 해야 한다. 그렇게 하기 위해서는 현상분석 전체의 스토리를 수평으로 연결해서 논리적으로 흐름이 이어질 수 있도록 구성해야 한다.

현상분석의 스토리 라인(이야기 전개)이 구성되면 개별 슬라이드 작성에 들어가게 된다. 개별 슬라이드는 될 수 있으면 '1 슬라이드 1 메시지'로 작성한다. 슬라이드별로 강조하고자 하는 핵심 메시지를 보고받는 사람이 분명히 인식할 수 있도록 해 주어야 한다.

현상분석 슬라이드에는 주로 핵심메시지를 포함하는 헤드라인을 한두 줄 정도 서술식으로 상단에 배치한다. 헤드라인 아래에는 헤드라인에서 제시된 핵심메시지를 설명할 수 있는 자료 등 세부내용을 될 수 있으면 정량화해서 도표와 박스 등을 이용해서 시각적으로 표현한다.

시각적으로 표현하는 이유는 현재 상황이 의미하는 바를 쉽게 전달하고 이슈가 되는 사항을 부각하기 위해서다. 시각적 표현 밑에 핵심 메시지와 현황에서 제기되는 이슈나 문제점, 시사점을 한두 줄로 간략히 정리해 두는 것이 좋다.

〈그림 2-9〉는 협업의 장벽에 대해 구성원들이 어떻게 생각(VOC, Voice of Customer)하고 있는지를 시각적으로 정리하고 이슈를 제시해 놓은 현상분석 슬라이드 작성 사례이다.

전체 보고서의 흐름을 귀납법적으로 접근하더라도 각 슬라이드, 각 페이지는 결론부터 제시하여 연역법적으로 작성하는 것도 고려해 보아야 한다. '1 페이지 1 메시지' 전달을 할 수 있으며, 보고받는 사람이 간결하게 이해할 수 있도록 해주는 편한 방법이기 때문이다.

\<그림 2-9\> 현상분석 작성 사례

3. 협업에 대한 장벽은?

【 VOC 】

1. NIH장벽 * Not-Invented-Here	• 큰 회사의 경우는 작은 회사와 역량차이로 인해 협업에 회의적임(협업하면 손해) • 규모가 작은 회사는 협업을 통해, Reference를 쌓고 싶은데 큰 회사는 따라오라는 식(하청)
2. 독점장벽	• 협업하여 1등이 되기보다는, 각 사가 자신의 분야에서 1위를 하고 싶어함 • 협업시 서로 주도권을 지니려하며, 성과를 통해 지주사에 잘 보이고 싶어함
3. 검색장벽	• 정보를 종합해서 사업기회를 창출하는 메커니즘이 없음 • 해외사업 추진의 경우 관련 회사의 정보력을 어떻게 활용해야 할지 모르겠음
4. 이전장벽	• 일정 수준 이상의 규모와 역량을 지닌 회사가 암묵지화된 지식을 규모가 작은 회사에 전달하려 하지 않음

주요이슈 ➡ • 협업의 성과를 공유하고 합리적으로 보상하는 체계가 필요함
- 주도적으로 사업을 추진해서 성과를 내고 좋은 평가를 받고 싶어함
- 상대방의 협업 노력에 대해 합리적인 보상을 해 주어야 함
- 해외사업의 경우에도 지역의 정보가 관련 회사간 공유되기 어려움

다음은 현상분석에서 나온 시사점 등 핵심이슈를 정리하고 이슈를 해소하기 위한 해결책의 방향을 제시하는 〈그림 2-7〉의 3번 단계이다. 〈그림 2-10〉은 주인의식 향상을 위한 프로젝트에서 실제 작성되었던 핵심이슈와 개선방향 사례이다. 현황분석에서 나온 문제점이나 장애물을 현황 이슈로 정리하여 좌측 상단에 제시하고, 벤치마킹 등 사례조사에서 나온 시사점을 좌측 하단에 제시하였다. 우측에는 좌측에서 제시한 이슈와 시사점의 해결을 위한 방향을 크게 세 가지로 잡고 각 해결 방향별로 두세 개의 추진방향을 간결하게 제시하는 형태이다. 문제 발생의 원인이 되는 이슈를 종합하여 문제 해결을 위한 기본방향을 제시하는 위와 같은 모형은 〈그림 3-24〉에서 다시 한 번 설명하고 있으므로 참고하면 된다.

<그림 2-10> 이슈 종합 및 개선방향 제시 사례

현황 및 사례 종합	추진 방향(案)
【현황 이슈】 - 외부 비난에 무대응 또는 동조 - 대내외 이슈에 대한 정보 공유 및 설명 부족 - 자신의 업무가 회사에 미치는 영향 인식 미흡 - 상급자의 경청 부족으로 정서적 유대감 부족 - 업무 이슈의 주도적 해결 미흡 - 협업 요청에 수동적으로 응하는 태도	**O 대내외 이슈에 자발적 행동 유도** - 구성원에 대한 회사 정보공유 확대 - 제도,정책에 대한 구성원 공감대 형성 - 주인의식 고취를 위한 체계적인 교육 실시
【사례 시사점】 - 체계적인 전문역량 향상을 위한 동기부여 - 스스로 하고 싶은 일을 할 수 있는 제도 구축 - on/off line상 에티켓 준수 - 회사의 브랜드와 동시에 개인 브랜드 중시	**O 전문역량 향상과 자기주도형 업무추진** - 구성원의 개인브랜드 향상 - 업무성과에 대한 소통 체계화 - 자기주도형 업무체계 구축 **O 구성원의 자긍심 향상** - 역량 향상과 이에 따른 성과의 보상 연계 - 구성원의 오너십 부여 방안 강구

다음으로 〈그림 2-7〉의 4번은 실행 방안, 즉 구체적인 해결책을 작성하는 단계이다. 기본적으로는 2번 단계의 작성방법과 유사하다. 다만 전달하고자 하는 해결책의 메시지를 한 페이지에 한 개씩 분명하게 제시하는 동시에 짧으면서도 단순하게 작성(KISS 원칙, Keep It Short & Simple)하여야 한다. 보고를 받는 의사결정자가 실행 여부를 결정할 수 있도록 충분히 실행 가능함을 보여 주어야 하므로 복잡하면 곤란하다. 필요하면 실행방안의 좋은 점과 예상 문제점을 같이 설명해 두어야 한다.

마지막으로 〈그림 2-7〉의 5번은 향후 일정계획을 작성하는 단계이다. 때에 따라서는 건의사항이나 실행방안을 종합해서 제시하고 수행일정과 담당 조직이나 수행 주체를 밝혀둘 수도 있다. 변화관리 활동이 필요한 경우에는 변화관리 활동을 위한 담당자와 모니터링 및 피드백 방법을 명확히 해 두면 더욱 좋다.

아무리 좋은 해결책이 제시되었더라도 실행이 되어서 정착되지 않으면 무용지물이다. 〈그림 2-7〉의 5번 단계는 통상 1페이지 정도로 짧게 작성되지만 필요한 이유다.

문제 해결과 보고서, 무엇부터 할 것인가?

　문제 해결과 그 결과물인 보고서는 일련의 과정으로 연결되어 있다. 순서상으로 보면 문제 해결을 먼저 하고 그 결과인 보고서를 작성하는 것이 맞다. 보고서를 먼저 작성하려면 해결책이 나와 있어야 가능하다고 생각할 수 있기 때문이다. 그렇지만 보고서를 어떻게 작성할 것인지에 대한 구상이 되어 있지 않다면 문제 해결 과정의 방향성을 잡기 힘들 수도 있다.

　사회생활을 처음 시작하는 시점에 접하게 되는 업무나 과제는 어렵지 않거나 내용이 단순한 경우가 많다. 이러한 과제들은 먼저 내용을 파악해서 해결방안을 만든 다음에 보고서로 간략하게 정리하는 경우가 많다. 이러한 과정에 익숙해지면 보고서는 당연히 문제 해결 내용이 도출된 이후에 전체 과정을 정리해서 작성한다고 생각이 굳어지게 된다.

　그렇지만 복잡하고 난해한 이슈들을 접하다 보면 방향성을 잃어버리기 쉽다. 그래서 먼저 보고서를 구상해 두고 그 보고서에 맞추어서 단계적으로 깊이 있게 접근해 나가는 것이 좋다. 문제의 해결책이 나오지 않았더라도 먼저 보고서를 작성해 두는 경우가 더 많은 이유이다. 물론 완벽한 보고서는 아니다. 개략적인 구성 목차를 스토리 라인(줄거리) 형태로 만들어 두는 정도로써 많은 수정과 보완을 전제로 한다.

보고서가 문제 해결의 결과물을 전달하는 메시지를 담고 있다면 문제 해결 과정은 전달하고자 하는 메시지를 찾아가는 과정이다. 따라서 전달하고자 하는 메시지가 무엇이며(What), 왜 그러한 메시지를 전달하고자 하며(Why), 제시된 메시지를 어떻게 실현할 것이냐에 대한 방법론(How)을 제시하는 것이 보고서이다.

전달하고자 하는 결과물이 무엇에 중점을 두고 있으며, 왜 그것에 중점을 두는지, 어떻게 적용할 것인지에 대한 전체적인 구조를 그려 두면 된다. 물론 처음에 작성한 보고서의 구상이 그대로 유지되는 것은 아니다. 문제 해결의 과정에서 계속 변화되고, 발전하게 된다.

처음에 보고서를 구상해 두면 좋은 점이 많다. 문제 해결 과제를 수행하는 중에 여러 형태의 커뮤니케이션이 일어나며, 그러한 의사소통의 과정에서 유용한 자료로써 활용할 수 있기 때문이다. 과제 수행 기간에 일어나는 커뮤니케이션은 결과보고와 중간보고 이외에도 공식적, 비공식적 회의를 비롯한 의사 결정권자와의 우연한 만남에 이르기까지 다양하게 발생한다.

공식적 회의에서는 회의 의제에 적합한 자료를 만들어서 공유하고 의견을 수렴해야겠지만 비공식적 회의에서는 의제가 불분명한 경우가 많으므로 과제의 전체적 보고서 구상을 전제로 해서 의견을 수렴하는 것이 효율적이다.

또한, 의사 결정권자와 우연히 만나는 경우도 많이 있을 것이다. 엘리베이터 보고를 생각해 보자. 30초에서 1분 정도의 시간에 요점을 설명하면서도 전체적인 의미를 전달하고 의사 결정권자의 평소 생각을 듣기도 하여야 한다. 엘리베이터와 같이 짧은 시간에 우연히 만나는 경우를 활용해서 과제의 진행과 요점, 궁금한 사항에 관해 대화를 나누려면 평소에 보고서의 구상이 논리적으로 되어 있어야 가능하다.

보고서는 의사 결정권자와 이해관계자들이 수용하고 해결책을 실행할 수 있도록 하는 것이 최종 목표이다. 아무리 훌륭한 해결책을 제시해도 상대방이 그것에 대해 공감하고 실행하고자 하는 활동을 하지 않는다면 아무런 의미가 없다. 그냥 수고를 많이 한 것일 뿐이다. 진정한 문제 해결을 한 것은 아니기 때문이다.

문제 해결이 되도록 하는 보고서는 메시지 전달이 분명해야 한다. 메시지는 '한 페이지에 하나의 메시지'를 간결하고 단순하게 전달해야 한다. 어려운 내용일수록 쉽고 간결하게 표현해야 한다. 이러한 메시지의 작성은 네 단계로 하면 편리하다.

첫째, 팩트(사실)를 바탕으로 메시지를 추출한다.
둘째, 메시지를 정리해서 구체화한다.
셋째, 메시지를 추출한 논리적 근거를 제시한다.
넷째, 스스로 소리 내어 읽어 보아서 단순, 명쾌해야 한다.

메시지 추출은 보고를 받는 고객에게 전달하고자 하는 것이 무엇인지를 염두에 두고 추출해야 한다. 보고를 받는 사람은 대부분의 경우 해당 문제에 대한 경험과 지식이 풍부하다. 그러므로 사실을 바탕으로 한 현상 분석을 근거로 해서 제시되어야 공감을 얻을 수 있다. 문제의 원인이 되는 팩트를 찾아내고 그것들의 공통점과 관련성을 연결해 가는 현상분석의 과정을 생각하면 된다. 사실을 바탕으로 정리된 자료들에서 말하고 싶은 것, 전달하고 싶은 것을 다시 정리하는 것이 메시지 추출 단계라고 보면 된다.

메시지가 추출되면 유사한 것과 중복된 것을 종합해서 정리한 다음에 빠진 부분이 없는지 확인할 필요가 있다. 확인은 고객의 위치에서 해보면 된다. 우선 과제가 해결하고자 하는 문제의 본질에 접근하고 있는지를 확인하고, 고객의 요구사항과 부합하는지를 판단한다. 정리된 메시지가 애초 전달하고자 하는 의미를 제대로 반영하고 있는지 반복적으로 다듬어야 한다. 어휘의 선택도 중요하다.

다음은 팩트에서 제시된 자료들이 의미하는 바를 제대로 반영하고 있는지, 논리적으로 비약이 없는지를 확인하고, 혹시 지엽적인 사항을 너무 강조하고 있는지도 살펴본다. 동시에 메시지와 메시지를 추출한 데이터나 도표 등 자료들이 논리적으로 연결되어 있는지를 판단하면 된다. 논리적 근거나 사유는 세 개 이내면 좋다. 많아도 다섯 개를 넘지 않는 것이 좋다. 더 넘어가면 눈에 잘 들어오지 않기 때문이다.

메시지의 구성과 작성단계를 다시 한 번 요약하면 〈그림 2-11〉과 같다.

<그림 2-11> 메시지의 구성과 작성 단계

[메시지 추출]	[메시지 구체화]	[논리적 근거]	[구술성]
사실관계를 바탕으로 공통점, 관련성 연결하는 메시지 추출	문제의 본질에 부합하는지 전체의 시각에서 축소, 정리 전달할 의미를 반영하고 있는 구체적 표현	사실관계와 전달 메시지의 논리적 연계성 제시	스스로 읽어 보아도 막힘 없이 이해되는지 확인

눈으로 보아서 훌륭해 보이더라도 실제 전달하려고 할 때 꼬이는 경우가 있다. 시각적으로 보는 것과 언어적으로 전달하고자 하는 것에 차이가 있기 때문이다. 작성자가 스스로 소리 내어 읽어보아서 막힘이 없이 넘어가고 이해가 되면 상대방도 이해가 될 것이다.

진중권은 저서 『나는 미학 오디세이를 이렇게 썼다』에서 구술성의 중요성에 대해 언급하고 있다.

『전 글을 쓸 때 쓰고 나서 꼭 한번 읽어봐요. 소리 내서 읽다가 걸리면 그 문장은 잘라야 해요. 숨이 차지 않아야 해요. 소리 내서 읽을 때 어색하거나 숨이 차면 좋은 문장도 가슴 속으로 들어오지 않아요. (중략) 그걸 쉽게 전달하기 위해서 구술성을 택한 것이죠. 무언가를 전달하는 사람들은 구술성의 구조를 이용해야 해요.』

메시지 작성은 무엇을(What), 왜(Why) 제시하였는가로 마무리가 아니다. 어떻게(How) 하면 된다는 방법론까지 나와야 하며, 이러한 방법론, 즉 해결책이 앞부분의 무엇을, 왜 제시하였는가와 논리적으로 연계되어 있어야 한다. 그리고 각 메시지는 듣거나 보는 사람이 쉽고 편하게 이해될 수 있도록 작성되어 있어야 한다.

이 책의 Chapter 3, Part 2에 해결책을 찾는 과정에서 도출된 방안을 어떻게 구성해서 보고서로 작성할 것이냐를 좀 더 상세히 설명하고 있다. 보고서의 스토리가 논리적으로 연결되어 있다 하더라도 각 슬라이드에서 전달하고자 하는 메시지가 혼란스러워서는 곤란하다. 보고서의 구성이 제대로 되려면 각 슬라이드에서 전달하고자 하는 메시지가 분명해야 한다.

사실관계가 비교적 분명하고 현상에 대해 보고받는 고객의 이해도가 높으면 연역법적 보고서 형태를 취해서 메시지의 결론에 해당하는 부분을 먼저 제시하면 된다. 연역법적 보고서의 메시지는 무엇을, 어떻게 하면 되는가를 먼저 서술하고, 왜냐하면 이러한 이유 때문이라는 형태로 구성하면 된다.

보고받는 고객이 현상에 대해 정확히 인식하고 있지 못하거나 이해관계자들의 의견이 복잡해서 다양한 의견이 있는 경우에는 무엇이 이슈이며, 왜 그러한지 이유를 밝힌 다음에 어떻게 해결해 나가면 되는지를 제시하는 방법으로 메시지를 구성해야 한다. 귀납법적 형태의 보고서가 이에 해당한다.

> **요약**
>
> **보고서 유형** : 목적에 따라 계획 보고서, 동향(상황) 보고서, 모니터링 보고서, 해결책 제안 보고서 등이 있다. 형태별로는 서술형 보고서와 프레젠테이션 보고서로 분류된다.

귀납식과 연역식 : 주제에 대한 배경지식이 많은 경우에는 결론부터 제시하는 연역식 보고가 효율적이다. 주제에 대해 이해관계자 간 공감대 형성이 되지 않아서 사실관계를 비롯한 현상을 분명히 분석할 필요가 있는 경우에는 결론을 마지막에 제시하는 귀납식이 바람직하다.

논리전개 흐름 : 귀납식과 연역식 보고에 따라 논리전개 흐름을 정해야 한다. 귀납식 보고서는 일반적으로 검토목적, 현상분석, 이슈와 시사점 및 해결방향, 해결방향별 실행방안, 향후 계획 순으로 작성된다.

현상분석에 많은 양을 할애하지 말고, 보고를 받는 고객이 알고 싶은 해결책의 비중이 50% 수준이 되도록 하여야 한다.

표현은 짧으면서도 단순하게 하는 'KISS 원칙'을 따른다(Keep It Short & Simple). 메시지는 '1 슬라이드 1 메시지'를 유지하면 좋다.

문제 해결과 보고서 : 보고서는 문제 해결의 결과물을 전달하는 메시지를 담고 있다. 문제 해결 과정은 전달하고자 하는 메시지를 찾아가는 과정이다.

과제를 맡게 되면 결과물, 즉 보고서의 목차와 방향을 먼저 정해 두고 수정해 나가는 것이 유용하다. 이해관계자와의 커뮤니케이션과 중간보고 등에 활용할 수 있고, 작업방향을 확인할 수 있기 때문이다.

전달하고자 하는 메시지가 무엇(what)이며, 왜(why) 그러한지를 전달하고자 하며, 제시된 메시지를 어떻게(how) 실현할 것이냐에 대한 방법론도 메시지에 포함되어야 한다.

<메시지 구성과 작성 단계>
① 사실관계를 바탕으로 추출한다.
② 문제의 본질을 구체적으로 표현하고 있는지 확인한다.
③ 사실관계와 메시지의 논리적 연계성을 제시한다.
④ 소리 내어 읽어 보아서 막힘이 없이 이해되어야 한다.

3. 인터뷰에는 스킬이 필요하다

문제 해결 과정의 각 단계에서 인터뷰는 반드시 거쳐야 하는 과정이며 다양하게 활용된다. 처음 과제를 받을 때 어떤 형태로든 과제를 부여하는 사람이나 의사결정자와 만나는 시간이 있다. 형태는 업무 지시 혹은 과제 협의 등 다양한 방법으로 나타날 것이다. 현상분석 단계에서도 팩트를 확인하거나 사례조사를 위해서 인터뷰가 필요하며, 이를 통해서 사실관계를 확인하고 관련된 정보를 풍부하게 수집하게 된다. 문제점을 정리해서 해결책을 찾을 때도 전문가 혹은 해당 분야 경험자 등에 대한 인터뷰가 필요하다.

각 단계에서 시행되는 인터뷰는 누가 어떻게 실시하느냐에 따라 수집하는 정보의 양과 질이 달라질 수 있으며, 인터뷰로 수집된 정보가 문제 해결의 결정적 요인이 되기도 한다. 이처럼 중요한 인터뷰에 대한 스킬은 타고나는 것만은 아니다. 철저히 준비하고, 과제 수행 시에 적극적으로 참여해서 체득해 나가면 된다.

인터뷰는 준비와 실행, 그리고 결과 정리 단계로 이루어진다. 인터뷰는 다양한 사람들의 의견을 들어서 종합, 정리하는 것이므로 사전에 왜 하는 것인지에 대한 목적이 분명하여야 한다. 왜 하는지가 분명하지 않으면 문제와 관련이 없는 정보들로 인해 혼선을 빚을 수 있기 때문이다.

반면에 한쪽의 일방적인 의견을 듣지 않도록 서로 다른 입장에 있는 이해관계자가 있는지도 파악을 해야 한다. 또한, 질문을 통해서 의견을 말할 수 있도록 인터뷰 중에 질문을 어떻게 할 것인지에 대해서도 준비해 두어야 한다. 인터뷰의 준비에서 실행, 결과 활용까지 각 단계를 정리해 보면 〈그림 2-12〉와 같다.

〈그림 2-12〉 인터뷰 단계

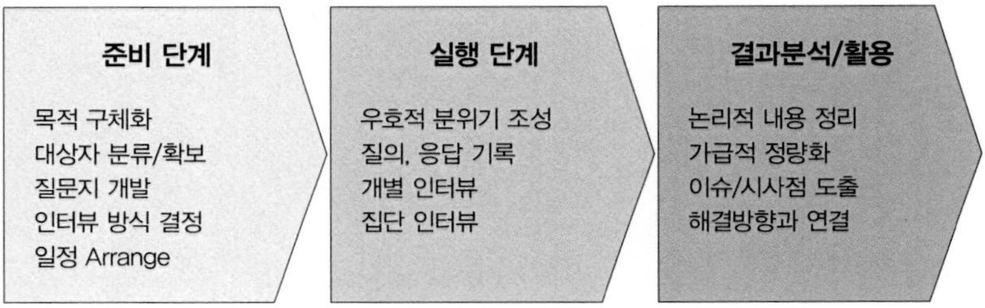

준비 단계	실행 단계	결과분석/활용
목적 구체화 대상자 분류/확보 질문지 개발 인터뷰 방식 결정 일정 Arrange	우호적 분위기 조성 질의, 응답 기록 개별 인터뷰 집단 인터뷰	논리적 내용 정리 가급적 정량화 이슈/시사점 도출 해결방향과 연결

【김부장과 최과장 EPISODE 4】

11:00 AM, 교통 데이터 제공 전문 'T-DATA' 본사 사무실

최과장 : 이번 보고서 작성을 위해 D-ANAL사에서 현업 인터뷰를 요청했습니다. 관련 부서별 인터뷰 대상자 명단을 메일로 보냈으니 한 번 검토 부탁드립니다.

김부장 : 수고했네. 인터뷰는 개별 인터뷰가 좋을까 아니면 집단 인터뷰가 좋을까? 아무래도 부서 간 이견이 있으면 바로 그 자리에서 같이 이야기하는 것이 좋을 것 같기도 하고.

최과장 : 네, 박차장님은 개별 인터뷰가 좋을 것 같다고 하시네요. D-ANAL사에서 인터뷰 자료를 작성해서 저희에게 검토를 요청한다고 합니다.

김부장 : 그래. 최과장이 한 번 인터뷰 자료를 점검해 주면 더 정확하고 필요한 질문을 할 수 있어서 시간도 절약되고 우리가 원하는 답도 쉽게 얻을 수 있을 거야. 내 생각에는 예, 아니요 같은 폐쇄형 질문보다는 설명형의 대답을 구하는 개방형 질문이 많으면 좋겠어. 그러려면 우리 내부 업무에 대해 많은 분석이 필요하겠지. 최과장이 그런 세세한 부분에 대해서도 박차장과 협력해서 많은 도움을 주면 좋겠어.

최과장 : 저도 현업을 인터뷰해 본 경험이 없어서 이번 D-ANAL사의 인터뷰 노하우나 스킬을 보고 많이 배울 수 있었으면 합니다.

김부장 : 인터뷰라는 것이 아무래도 외부 전문가가 와서 딱딱한 업무 관련 질문을 하고 대답하는 형태이니 최과장이 중간에서 분위기를 좋게 하고 서로 이해가 잘 안 되는 업무 관련 부분이 있으면 부연 설명도 해주면 좋겠어.

최과장 : 예. 제가 모든 인터뷰에 동석해서 인터뷰 내용 정리도 하고 적극적으로 참여하겠습니다.

김부장 : 최과장이 적극적으로 일을 해주니 마음이 놓이네.

사전 준비가 절반이다

인터뷰 준비의 첫 번째 단계는 인터뷰를 통해서 무엇을 얻을 것인지에 대한 목적을 분명히 하는 것이다. 인터뷰는 정보를 얻기 위한 것이므로 무슨 정보가 필요한지에 대해 미리 정리해야 한다.

여기서 필요한 정보에는 사실확인을 위해서 필요한 자료나 데이터, 이해관계자의 생각 등이 있다. 확인하고자 하는 정보에 초점을 맞추어야 하며 그 내용이 많은 경우에는 우선순위를 정해 둘 필요도 있다. CHAPTER 3의 PART 1에서 설명하고 있는 현상분석을 위한 사실확인(Fact Finding) 단계를 참고하기 바란다.

다음은 누구를 만날 것인가, 즉 인터뷰할 대상이다. 얻고자 하는 정보를 가지고 있을 것으로 추정되는 대상자를 정리한 다음에 중복되면 제외하고 빠진 대상은 추가한다. 인터뷰 대상도 MECE(Mutually Exclusive and Collectively Exhaustive)가 필요하다. 하고자 하는 질문들을 잘 알고 있으면서 잘 협조하여 알려줄 수 있는 적합한 대상(Right Person)을 찾아내야 한다.

질문지에는 얻고자 하는 정보를 구체적으로 서술해야 한다. 인터뷰이(면담자)가 때에 따라서는 방어적이 되거나 정보나 의견을 밝히고 싶어 하지 않는 경우도 있다. 이처럼 회피하는 경우를 대비한 질문도 준비되어 있어야 한다. 즉 잠재적인 방해요인이 있는지를 생각하고 이에 대응한 질문을 준비해야 한다. 질문은 한 번으로 끝나지 않는 것이 보통이므로 답변의 상황에 따라서 연계해서 질문할 수 있도록 유연하게 구성해야 한다. 실제 인터뷰 진행단계에서 인터뷰하는 사람의 임기응변이 가능하도록 하는 편이 좋다.

대상자가 선정되고 질문지가 작성되면 인터뷰 방식을 결정해야 한다. 개별적으로 만나서 하는 인터뷰와 여러 사람을 모아서 함께 실시하는 집단 인터뷰(FGI, Focus Group Interview)가 있다. 문제 해결과 관련된 자료와 정보를 얻을 필요가 있거나 상당히 전문성이 있는 사람으로부터 고견을 듣고자 한다면 개별 인터뷰가 좋다. 만나야 할 사람이 많거나 정보 수집과정에서 이해관계의 조율이 필요하다고 판단되는 경우에는 집단 인터뷰(FGI)가 보다 효율적이다.

인터뷰 방식까지 결정되면 대상자와 시간, 장소를 미리 정하고 인터뷰를 시행하는 목적을 사전에 알려주는 것이 좋다. 꼭 필요한 정보를 가지고 있는 대상자인데 시간과 장소가 여의치 않다면 전화나 화상 인터뷰라도 시행할 필요가 있다.

시작이 절반이라는 말이 있듯이 인터뷰도 준비가 절반 이상이다. 준비가 충실히 되면 준비된 대로 실행을 하면 된다. 인터뷰는 알고자 하는 정보를 얻기 위한 것이므로 다소 격식을 갖추거나 형식을 맞추어서 진행될 수 있다. 그렇지만 분위기가 좀 딱딱하고 서로 간의 친밀감이 느껴지지 않으면 속내를 드러내지 않을 수도 있다. 모르는 사람을 만나서 필요한 의견을 구하는 자리이기는 하지만 될 수 있으면 친밀감을 가지고 서로에게 도움이 되는 자리라는 사실을 부각할 필요성이 있다. 따라서 약간의 시간이 걸리더라도 바로 본론부터 시작하지 말고 서로를 조금 알고 이해하는 시간을 가질 필요가 있다.

분위기가 조성되어서 인터뷰가 본격적으로 진행되면 반드시 내용을 기록해 두어야 한다. 미묘한 어감의 차이가 있을 수도 있으므로 다소 애매한 표현은 그 자리에서 한 번 더 확인해서 의미를 확실히 해 두어야 한다. 일반적으로 인터뷰는 2인이 1조로 해서 1명이 질의 응답을 주도하고 1명은 기록을 하면서 의미를 다시 한 번 확인하는 보조 질문을 하는 형태로 진행하는 것이 좋다. 개별 인터뷰와 집단 인터뷰의 스킬은 비슷하다고 볼 수도 있다. 다만 집단 인터뷰의 경우에는 참가자들이 골고루 의견을 이야기할 기회를 제공하는 퍼실리테이팅이 필요하다.

또한, 의견이 다른 사람들이 같이 참석하고 있는 경우에는 서로의 의견이 충돌되지 않도록 하면서 상반되는 의견을 충분히 들어준다는 태도를 건지하고, 왜 의견의 차이가 있는지에 대한 본질적 이슈를 파악하는 데 초점을 맞추어서 진행하여야 한다. 특히 참여자들 사이에 논쟁이 되지 않도록 주의하면서 인터뷰에서 어떠한 결론이 나는 것이 아니라 서로 다른 의견이 있음을 충분히 듣고 그것을 바탕으로 해결책을 고민해 보겠다고 미리 이해를 구해야 한다. 어느 일방의 의견을 지지하거나 해결책이 한 방향으로 갈 수 있음을 암시하는 듯한 표현은 자제해야 한다.

인터뷰 결과를 정리하는 과정은 현상분석의 중요한 한 단계이다. 여러 이해관계자의 생각을 정리하다 보면 논리적으로 모순이 있는 경우도 있고, 주제와 관련이 없는 경우도 있다. 주제와 관련이 없는 내용은 과감히 버려야 하며, 논리적으로 일관성이 없는 내용에 대해서도 버릴 것인지, 다시 한 번 확인해서 분명히 할 것인지를 신속하게 결정하여야 한다.

인터뷰 기록을 리뷰해서 필요한 정보들을 정리한 이후에 이슈와 시사점을 도출하면 된다. 현상분석에서 나오는 문제점이나 문제를 발생시키는 원인, 장애 요인 등은 다양한 용어로 표현될 수 있다. 필자는 다소 완화되면서도 해결할 수 있다는 긍정적 표현이라는 점에서 이슈로 부르는 것을 선호한다.

이슈와 시사점을 종합하고 정리하기 전에 될 수 있으면 정량화하면 더욱 좋다. 빈도나 강도 등을 기준으로 해서 우선순위로 리스트화하거나, 유사항목끼리 묶어서 중요도 혹은 주제와의 관련성을 중심으로 재정리하는 것도 정량화에 해당한다. 비교 대상 집단이 있으면 상대적 차이점과 그 정도를 정리하여 이슈 사항을 도출하여야 한다.

이러한 과정에서 현상분석이라기보다는 솔루션(해결책)에 해당하는 내용이 혼재하는 경우도 있다. 솔루션에 해당하는 내용은 이슈 형태로 재정리해서 살펴볼 필요도 있다.

인터뷰 결과를 정리해서 이슈와 시사점을 도출한 이후에 이슈를 해결하기 위해서 어떠한 방향으로 풀어나가면 되는지를 생각하는 다음 단계로 넘어가면서 인터뷰는 마무리된다.

개별 인터뷰와 집단 인터뷰

〈그림 2-12〉의 인터뷰 단계 중에서 중간의 실행단계는 대체로 세 단계로 진행된다. 인터뷰의 개요를 밝히고 참여자와의 거리감을 좁히는 것이 첫 번째 단계이다. 두 번째 단계는 질문 순서에 따른 진행과 답변을 경청하는 것이다. 세 번째는 답변 내용의 요지를 확인하고 질문지에 없는 사항 중에서 하고 싶은 말이 있는지 확인하는 등 우호적으로 끝맺음하면 된다.

먼저 인터뷰를 시작하는 단계에서는 인터뷰 당사자들을 소개하고, 인터뷰 시간과 인터뷰를 하는 배경이나 목적, 진행방식 등 인터뷰 개요에 관해 설명한다. 예를 들어 보면 다음과 같다.

"바쁘신 중에도 인터뷰에 응해 주셔서 대단히 감사합니다. 인터뷰는 약 1시간 동안 진행될 예정이며, 사전에 약속을 잡을 때 말씀드린 바와 같이 00에 대한 검토를 위한 것입니다. 00과 관련해서 저희가 준비해 온 질문에 대해 실제 일어나고 있는 현상을 말씀해 주시면 됩니다. 물론 00과 관련해서 평소에 생각하고 계시는 문제점이나 해결방안 등 고견을 말씀해 주시면 더욱 고맙겠습니다. 이번 인터뷰는 사실관계 확인을 위한 자료조사의 일부이며, 말씀해 주신 내용도 자료의 일부로서 본 연구목적 범위 내에서만 활용될 뿐이고 그 이외의 목적으로 공개되거나 제3자에게 제공되지는 않습니다. 혹시 관련해서 궁금한 사항이 있으신지요? 그러면 시작하겠습니다."

조금 시간이 걸리더라도 어색한 분위기를 완화해서 하고 싶은 말을 할 수 있게 만들고, 피상적인 답변에 그칠 수 있는 내용에 대해 좀 더 깊이 있는 설명을 듣기 위해서 필요한 절차이다. 집단 인터뷰(FGI)에서는 여러 명이 참석하고 있으므로 인터뷰를 하는 본인과 동행자를 소개하는 것이 우선이다. 사전에 알고 있는 사람이 있더라도 전체 참여자를 위해서 성의껏 소개하고 분위기를 부드럽게 만드는(Ice Breaking) 대화를 할 수 있도록 미리 준비하면 더욱 좋다. 굳이 유머를 할 필요는 없다. 날씨 이야기나 최근에 있었던 스포츠 얘기 정도면 충분하다.

인터뷰 개요에 대한 설명과 자신에 대한 소개는 개별 인터뷰에서는 더욱 필요한 절차이며 집단 인터뷰보다 친밀하게 소통할 수 있으므로 상대방의 마음을 얻는 분위기 형성(Rapport)도 가능하게 한다. 라포 형성은 상대방을 향하여 약 45도 이내의 정면에 위치해서 상대방과 약간 기울어진 자세를 취하면 좋다. 상대방에 관한 관심을 표현하면서 상대방의 말에 경청할 준비가 되어 있다는 신호를 보내야 한다.

인터뷰의 개요에 대한 설명 이후에 본격적으로 질문을 시작하는 단계이다. 인터뷰는 질문을 위한 질문이 아니라 상대방의 마음에 있는 내용을 가감 없이 끌어내어 듣는 것이다. 그러므로 상대방의 답변이 가공되지 않은 채 나올 수 있게 하기 위해 질문을 어떻게 할 것이냐가 중요하다.

준비단계에서 만들어 둔 질문을 그냥 사무적으로 하면 곤란하다. 상대방의 성격이나 분위기에 따라서 질문의 순서를 달리하는 유연성이 필요하다. 질문은 원칙적으로 일반적인 질문에서 구체적인 질문으로, 외부적 환경에서 내부적 여건으로, 과거에 일어났던 상황에 대한 질문에서 현재 발생하고 있는 현상의 질문 순서로 하면 된다.

이러한 형태로 질문지가 되어 있더라도 상대방이 민감해 하거나 피하고 싶어 한다면 하나하나를 질문하는 방식보다는 전체적인 상황을 제시하고 상대방이 이야기를 풀어나가면서 말할 수 있도록 분위기를 만들어 주고 들어줄 필요도 있다.

상대방이 자연스럽게 이야기를 할 수 있도록 하는 경청의 원리는 다음과 같다.

1. 추임새를 사용한다(Use causal phases).
2. 친근한 목소리로 응답한다(Speak in a friendly tone).
3. 들은 것의 요지를 다시 말한다(Paraphrase what's said).

자연스럽게 추임새를 넣어 주고 응답을 하되 관심의 대상이 바뀌지 않도록 하고, 주제가 다른 것으로 분산되지 않도록 해야 한다. 또한, 가급적 부드러운 미소를 띠고, 상대방의 말을 중간에 가로막지 않아야 한다. 편안한 분위기가 되고 있는지 계속 신경을 써야 한다.

집단 인터뷰(FGI)에서는 개별 인터뷰보다 세심한 주의가 요구된다. 여러 명이 참여하고 있고 각자 의견이 다를 수도 있으므로 질문의 방식을 다양하게 하면서 여러 사람의 의견을 듣고자 하는 노력을 하여야 한다. 특정인이 발언을 독점하거나 인터뷰의 원활한 진행을 방해하는 경우에도 적절한 대처가 필요하다.

질문의 방식은 개방형과 폐쇄형, 그리고 이 두 가지를 혼합한 혼합형을 적절히 섞어서 하여야 한다.

개방형은 개별 인터뷰에서 많이 활용되는 형태로서 단답형의 대답이 아닌 설명형의 대답을 구하는 것이다.

"00에 대해 어떻게 생각하고 있습니까?", "00은 왜 그렇게 된다고 보십니까?", "00에 대해 평소 생각을 설명해 주실 수 있는지요?" 등과 같은 형태의 질문이다.

반면에 폐쇄형 질문은 "00의 평균 사용횟수를 알고 싶습니다.", "00 현상은 하루에 몇 회 일어납니까?" 등과 같이 'Yes or No'로 대답이 되는 질문이다.

말이 많은 대상자에게는 개방형보다는 폐쇄형 질문을 주로 해서 간략하게 답변을 할 수 있도록 유도해야 한다. 반면에 말을 잘 하지 않는 대상자에게는 친밀감을 구축해 가면서 개방형 질문을 통해서 마음속에 있는 이야기를 할 수 있도록 유도해야 한다. FGI의 경우에는 폐쇄형 질문과 개방형 질문을 적절히 혼용하면서 전체 참여자가 돌아가면서 반응을 보일 수 있도록 유도할 필요가 있다.

질문의 방식이 어떠하든 질문은 초점이 맞추어져 있어야만 한다.

듣는 사람에 따라 다르게 해석될 수 있는 어휘나 질문방식은 피해야 한다. 질문을 초점에 맞추어서 하는 것 못지않게 들은 것에 대해서 요지를 정리하는 패러퍼레이저도 중요하다.

"요약하자면 OOO한 내용이지요", "제가 이해한 바로는, 방금 말씀하신 내용이 OOO 맞습니까?" 등으로 확인도 하고 요약도 하는 것이다.

집단 인터뷰를 진행하다 보면 자기주장이 강한 사람들도 있고 다른 사람의 의견에 반대하거나 비판적 태도를 보이는 참석자가 있게 마련이다. 따라서 집단 인터뷰 진행자는 의사 진행자(Facilitator)로서의 역할도 할 수 있어야 한다.

자기주장이 강한 사람은 일반적으로 그 분야의 전문가이거나 관련성이 깊은 사람이다. 따라서 전문가로서의 견해에 대해 존중해 주면서 시간이 길어질 것 같으니 별도로 의견을 듣도록 하겠다고 하면서 넘어가는 것이 좋다.

다른 사람의 생각에 대해 반박하는 경우는 논란이 퍼지지 않게 될 수 있으면 빨리 개입하여야 한다. 의견조사를 위한 인터뷰인 점을 부각시키고, 인터뷰 결과만으로 어떠한 의사결정이 이루어지는 것이 아니며 다른 여러 조사와 의견수렴 절차를 걸쳐서 종합적으로 정리되는 점을 강조하면 된다. 필요하면 조사된 결과를 정리해서 다시 한번 리뷰를 하겠다고 하는 방법도 생각해 볼 수 있다.

결과 정리와 시사점 도출은 필수

인터뷰는 팩트나 해결책을 찾아내기 위해서 하는 것이며, 이를 위해서 연구하고자 하는 주제와 관련하여 현장에 있는 이해관계자나 전문가를 대상으로 실행한다. 인터뷰를 통해 확보한 정보는 현상분석이나 해결책 제시를 위한 기초자료나 데이터로 활용될 수 있어야 한다.

인터뷰 결과는 정성적이 되지 않도록 하는 것이 좋다. 예를 들어서 "엔지니어들의 역량이 떨어지는 편이고, 이직률도 높다"라는 인터뷰 결과는 데이터로서의 활용성이 제한적일 수밖에 없다. "엔지니어들의 근속 연수가 몇 년인데 경쟁사 대비 얼마 정도 차이가 나며, 전문자격 취득률은 어떠하고, 이직률은 얼마인데 경쟁사와의 차이는 어느 정도이다"라는 인터뷰 결과와 대비해 보면 알 수 있다. 정량화되어 있는 후자가 활용성이 훨씬 높다.

인터뷰를 준비해서 진행할 때에 미리 이러한 점에 유의해야겠지만 정리과정에서 보완해도 된다. 정성적 답변을 정량적으로 전환하기 위해서 CHAPTER 3의 PART 1의 현상분석 단계에서 생각을 확장하는 방법과 같이 '무엇을(What) - 왜(Why) - 어떻게(How many, How much) -

무엇을(So what)' 순서의 방법을 사용할 수 있다. 먼저 무엇을 이야기 하는지를 명확히 하고, 왜 그러한지를 확인한다. 다음은 얼마나, 어느 정도나 되는지를 확인해서 그렇다면 어떤 이슈나 시사점이 나오게 되는지의 순서를 따라가면 된다.

앞에서 설명하였듯이 인터뷰는 2인 1조로 해서 1명이 질문을 하면서 진행하고. 1명이 기록하고 정리하여야 한다. 특히 인터뷰가 끝난 직후에 정리를 마무리하는 것이 좋다. 가능한 24시간 이내에 정리해 두어야 한다.

인터뷰의 기록은 핵심만을 요약해서 작성하고, 인터뷰를 시행한 두 명이 같이 리뷰하고 수정도 해야 한다. 인터뷰 결과에 기록해 두어야 할 사항은 다음과 같다.

1. 인터뷰 대상자와 장소, 시간
2. 인터뷰 질의서에서 파악하고자 했던 정보에 집중하여 작성
3. 2번과 관련하여 논의된 주요 세부사항
4. 대상자가 중점을 두어 이야기하고자 한 요지
5. 데이터 등 수치와 관련된 사항은 재확인하여 기록

인터뷰 정리에서 나오는 자료나 데이터는 기존에 수집한 데이터나 자료들과 차이가 나는 것이 없는지 확인해야 한다. 인터뷰 결과물은 현상 분석에서 논리적 근거로 활용될 수도 있는 동시에 시사점이나 개선 방향성을 제시하는 판단 자료로 활용될 수도 있기 때문이다. 현상 분석에 사용될 자료들은 될 수 있으면 정량화와 시각화를 해두면

편리하고, 문제 해결의 방향성을 도출하거나 해결방안을 제시하는 자료로 활용되는 경우에는 인터뷰 시의 인터뷰이의 표현을 그대로 기록해서 현장감 있는 목소리를 전달하는 데 활용하도록 한다.

인터뷰는 의례적으로 하는 것이 아니다. 많은 시간과 노력이 필요한데도 인터뷰를 시행하는 이유는 데이터와 자료를 얻기 위한 것이다. 데이터와 자료는 현상분석을 통해서 무엇이 이슈인지를 찾아내기 위한 것인 동시에 해결책을 마련하는 기본적 아이디어가 될 수 있다.

인터뷰 단계 : 인터뷰는 준비, 실행 및 결과 정리 단계로 이루어진다. 단계별로 절차와 방법을 미리 숙지하고 시행하는 스킬이 필요하다.

인터뷰 준비 : 인터뷰의 목적을 구체화하고 적합한 인터뷰 대상을 결정한다. 질문지를 준비하는 동시에 인터뷰 방식과 일정을 조율한다.

개별 인터뷰 : 문제 해결과 직접 관련된 자료와 정보를 얻거나 전문가로부터 의견을 들을 때 좋다.
방법은 마음에 있는 이야기를 할 수 있도록 분위기를 형성한 이후에 준비된 질문 순서를 따르되 될 수 있으면 자연스럽게 경청하면서 듣고 싶은 이야기가 나오도록 유도한다.

<자연스러운 경청 요령>
1. 추임새를 사용한다(Use causal phases).
2. 친근한 목소리로 응답한다(Speak in a friendly tone).
3. 들은 것의 요지를 다시 말한다(Paraphrase what's said).

집단 인터뷰 : 인터뷰 과정에서 이해관계의 조율이 필요하다고 판단되는 경우 혹은 유사한 대상자와 차례대로 해야 할 필요성이 있는 경우에 효율적이다.
분위기 형성이나 질문과 경청 등 진행 방법은 개별 인터뷰와 유사하다. 다만, 자기주장이 강하거나 다른 사람의 의견에 반대 혹은 비판적 태도를 보이는 참석자가 있는 경우에 집단 인터뷰 진행자는 의사 진행자(Facilitator)로서 역할을 해야 한다.

결과 정리 : 인터뷰 결과를 정리하는 것은 현상 분석에서 이슈나 시사점을 도출하고, 해결을 위한 실행방안에 대한 아이디어를 얻기 위한 것이다.

그런 측면에서 인터뷰 결과에는 먼저 무엇을 이야기하는지를 명확히 하고, 왜 그러한지에 대한 설명이 포함되어 있어야 한다. 또한, 그것이 얼마나, 어느 정도나 되는지를 확인하고, 그렇다면 어떤 이슈나 시사점이 나오게 되는지의 순서로 마무리하면 된다.

4. 프레젠테이션은 정성이다

　　　　　　프레젠테이션은 문제 해결의 과정에서 다른 사람들 앞에서 결과물을 발표하거나 질의, 응답을 통한 의견수렴을 하는 커뮤니케이션 활동의 하나이다. 여러 사람 앞에서 해야 하는 프레젠테이션은 긴장과 두려움이 동반된다. 기본적으로 알아야 할 사항과 사전 준비를 통해서 두려움을 떨쳐버리고 많은 경험을 쌓아나가면 훌륭한 발표자로 인정받게 될 것이다.

　좋은 프레젠테이션에는 세 가지 요소가 있다. 발표할 내용이 충실해야 하며, 발표 내용이 적절하게 표현된 발표 자료가 있고, 현장에서의 발표 스킬이 준비되어 있어야 한다.

　첫째는 발표할 내용이 청중의 기대와 일치하여야 한다. 의견수렴을 위한 것이라면 적정하게 질문이 되고, 지금까지 파악된 자료와 데이터를 제시하면서 참석자들의 의견을 유도해야 한다. 과제 진행 중에는 추진방향이 적합한지가 중심 내용이 될 것이고, 문제 해결 결과에 대한 발표는 제시한 해결방안이 적정한가에 관한 내용이 중심이 된다.

　둘째는 발표 자료가 간결하고 논리적이어야 한다. 발표 자료가 너무 장황하거나 논리적이지 못하면 발표자의 발표 스킬이 아무리 좋더라도 참석자들이 공감하기 어려울 것이다. 전체적인 스토리 라인이 연결되어 있고 슬라이드별로 전달하고자 하는 메시지가 명확하게 제시되어야 한다. 또한, 왜 그러한 메시지가 도출되었는지에 대한 논거를 될 수 있으면 정량화하여 시각적으로 보여주어야 한다. 첫째와 둘째에 관한 내용은 앞의 보고서 작성에서 설명하였으므로 참고하기 바란다.

셋째는 발표자의 전달력인 프레젠테이션 스킬이 좋아야 한다. 내용이 훌륭하고 발표 자료가 잘 준비되었다고 끝이 아니다. 가족에게 맛있는 요리를 해주기 위해서는 어떻게 해야 하는가? 무슨 요리를 먹고 싶어 하는지를 알아서 레시피(Recipe)를 확보하는 것이 우선이다. 다음은 신선한 재료를 구해서 조리법에 따라서 요리를 하면 된다. 여기에 사전 실습을 해서 숙달된 솜씨가 가미되고 가족을 위한 사랑과 정성이 들어가면 금상첨화일 것이다. 솜씨는 철저한 준비와 실전에 가까운 연습을 통해서 숙달되고, 과정 하나하나에 세심한 주의와 관심을 가지고 정성을 다하여야 한다.

프레젠테이션을 하는 발표자도 숙달된 솜씨로 정성을 다하여 하고 싶을 것이다. 이를 위해서 프레젠테이션을 앞둔 발표자가 발표할 때에 알아두어야 할 사항과 돌발상황 발생 시의 대처방법을 알아 두자. 철저한 준비와 세심한 주의를 기울인다면 누구나 훌륭한 프레젠테이션을 할 수 있게 될 것이다.

【김부장과 최과장 EPISODE 5】

17:00 PM, 교통 데이터 제공 전문 'T-DATA' 본사 사무실

김부장 : 이번 착수보고회 겸 프로젝트 진행 계획 발표 아주 좋았어. 수고했네.

최과장 : 저는 별로 한 것이 없습니다. D-ANAL사의 박차장님이 준비를 철저하게 잘 하셔서 저도 많이 보고 배웠습니다.

김부장 : 내용도 충실했고 발표 자료도 아주 깔끔하게 잘 작성되었더군. 그리고 무엇보다 박차장의 발표 능력이 아주 뛰어났어. 들어보니 발표 경험이 아주 풍부하더군. 여러모로 일 처리 능력이 뛰어난 사람이 와주어서 우리 회사로서는 행운이네.

최과장 : 네. 박차장님이 사전에 체크리스트를 가지고 실수가 없도록 꼼꼼하게 프레젠테이션을 준비했습니다. 사전에 참석자 숫자까지 체크해야 하는 줄 저는 잘 몰랐습니다. 그리고 미리 참석자의 기대치와 이번 프로젝트에 대한 인식, 지식 정도까지 알아야 한다는 사실도 알았습니다. 이런 지식은 향후 다른 프로젝트를 수행하는 데에도 도움이 될 것 같습니다.

김부장 : 날카로운 질문도 많았는데 박차장과 최과장이 답변할 사람을 미리 잘 안배한 것 같네. 그런 세심한 준비도 돋보였어.

최과장 : 네, 기술적이고 어려운 질문은 분야별로 답변할 사람을 미리 준비했습니다. 전체적으로 프레젠테이션 진행상에 문제가 생기면 안 되기에 미리 체크했습니다.

김부장 : 무엇보다 참석자들의 기대치와 수준에 잘 맞는 내용이어서 모두의 공감과 호응을 끌어낸 점이 좋았어. 수고 많았네. 앞으로의 프로젝트 진행에 더 큰 기대가 되네.

최과장 : 과찬이십니다. 감사합니다!

프레젠테이션의 기본을 알자

　프레젠테이션은 발표자가 전달해야 할 내용을 특정 장소에 참석한 청중들에게 전달하는 것이다. 따라서 발표자는 전달할 메시지와 발표장, 참석자 및 전달하는 방법들에 대해서 철저하게 확인하고 지켜야 할 사항들을 미리 점검하여야 한다.

　프레젠테이션을 하면서 기본적으로 알고 있어야 할 사항들을 정리하면 다섯 가지로 요약할 수 있다.

　1. 발표할 내용에 대해 숙지하고 있는가?
　2. 발표장에서 준비해야 할 장비 등 준비물을 사전에 확인하였는가?
　3. 참석자 숫자와 발표 내용에 대한 호감은 어느 정도인가?
　4. 발표시간은 얼마이며, 어떠한 스토리로 발표할 것인가?
　5. 예상되는 질문 및 답변이 곤란한 질문은 어떻게 할 것인가?

　첫째, 발표자는 발표할 내용에 대해서 완벽하게 알고 있어야 한다. 특히 발표 자료의 논리 흐름에 따라서 무엇이, 왜 그러하며, 이를 어떻게 하면 되는데, 그래서 무엇을 하여야 한다는 논리적 전개의 흐름이 분명해야 한다.

전체 흐름뿐만 아니라 각 발표 자료의 슬라이드별로 제시된 자료나 데이터의 근거, 발표의 순서가 비약이나 누락이 없는지 확인해 보아야 한다. 발표 내용과 발표 자료에 대한 최종 점검은 발표자의 몫이다.

둘째는 발표장에 사전 확인해야 할 준비물이다. 컴퓨터나 프로젝터 등 발표 자료를 공유할 기기들은 누구의 책임하에 준비되고 있는지, 성능에 문제가 없는 기기들이 제대로 준비되어 있는지를 확인한다. 또한, 레이저포인터 등 발표 시의 필요 장비들을 미리 확인해서 준비해 둔다.

셋째는 참석 대상자는 누구이며, 대상자 중에서 몇 명이 참석하는지 미리 확인을 한다. 참석 대상자에게 연락하는 책임이 본인에게 있다면 참석 여부를 반드시 확인하고, 발표 시작 두세 시간 전에 다시 한 번 알려 둔다. 또한, 참석 대상자들이 발표 주제에 대한 경험이나 지식이 어느 정도인지를 파악해서 그 수준에 맞추어서 발표하여야 한다. 또한, 발표 주제에 대한 호응 정도를 알아두어야 발표장 분위기를 적절히 이끌어 나갈 수 있을 것이다.

넷째는 허용되는 발표시간이 얼마인지 확인해서 발표 시간에 맞는 발표가 될 수 있도록 스토리텔링을 해 본다. 스토리텔링은 논리적으로 흐름을 유지하면서 청중들이 관심을 지속할 수 있도록 흥미를 유발할 수 있는 부분도 가미되어야 한다. 너무 진지해서도 안 되지만 너무 흥미 위주여도 곤란하다.

전달하고자 하는 핵심메시지를 분명히 하고 왜 그러한 메시지가 나오는지에 대한 논거를 전체 흐름에서 맥락적으로 제시하면서 다음 이야기가 연결되도록 하면 좋다. 즉, 논리적인 스토리 전개가 되기 위해서는 무엇을 이야기하려고 하는데, 왜 그러하며, 어떻게 해 가면 되는지의 순으로 하면 된다. 이러한 순서에 더해서 그래서 무엇을 해야 한다고 솔루션을 제시하는 형태가 해결방안으로 나올 수 있게 하는 것이다.

마지막으로 질의, 응답이다. 위의 두 번째에서 참석자들의 성향에 대한 파악은 질의, 응답에서 유용하게 활용될 것이다. 문제 해결 과정 중에 평소 유대와 공감대가 형성되어 있다면 질의, 응답은 부드럽게 진행될 것이다. 그렇다고 안심하면 곤란하다.

참석하는 청중들은 언제든지 발표 내용의 논리적 흐름과 제안 내용에 대해 의심을 하고 있거나, 발표자의 실력을 점검해 보려는 호기심이 있다는 전제를 가지고 긴장을 늦추지 말고 준비하여야 한다.

따라서 예상되는 질문에 대해서는 사전에 충분히 준비하고 언제든지 답변할 수 있어야 한다. 발표자의 전문 분야가 아닌 경우에는 프로젝트팀원 중에서 전문가가 참석해서 답변할 수 있도록 한다. 경우에 따라서는 참석자 중에서 해당 분야 전문가가 누구인지 미리 알아두고, 사전에 양해를 구해서 전문적인 내용의 질문에 대해서 답변을 할 수 있도록 도움을 청해 둘 필요도 있다.

흔히 범하기 쉬운 실수를 없애자

실수는 두려움과 긴장감에서 온다. 해당 자료를 완벽하게 이해하고 있다는 자신감이 필요하다. 시작 단계에서 헛바닥이 꼬이거나 목소리가 줄어들지 않도록 한다. 발표 10~20분 전에는 혼자서라도 헛바닥을 돌려보자. 아래, 위로 돌리면서 발음하기 어려운 단어들을 소리 내어 해 본다. 혼자가 아니라면 소리를 내지 않고라도 해 본다. 필자가 하는 헛바닥 준비운동은 많은 사람이 알고 있는 것을 응용한 것이다. "저 콩깍지는 깐 콩깍지인가, 안 깐 콩깍지인가. 찬장 위에 콩깍지는 내 콩깍지인가, 네 콩깍지인가" 같은 것들이다.

발표 하루 전에 잠자리에 들 때나 아침에 일어나서 발표장으로 가면서 가만히 눈을 감고 발표할 슬라이드를 상상하면서 발표하고자 하는 내용의 스토리를 마음속으로 다시 한 번 되뇌어 본다. 막힘 없이 머릿속에서 흘러가면 전체 맥락을 잡은 것이다. 그렇지 않으면 다시 발표 자료를 보고 흐름을 잡아 두어야 한다. 실전처럼 발표를 미리 해보면 더욱 도움이 된다.

발표 내용에 자신이 생겼다면 열정적인 목소리로 발표를 시작하면 된다. 평소 본인이 내는 목소리보다 약간 더 큰 목소리가 좋다. 마이

크를 사용할 때는 평소의 목소리 톤으로도 괜찮지만, 목소리 톤의 크기를 한 번 확인하는 것이 좋다. 목소리 톤은 처음부터 끝까지 같은 톤으로 하면 지루하다. 전달하고자 하는 메시지에서는 평소보다 약간 크게 하거나 필요하면 약간 작게 해서 청중이 집중해서 듣도록 하면 된다.

발표 자료를 그대로 읽다 보면 실수를 할 수 있다. 혹시 발표 원고(스크립트)를 준비했더라도 그대로 읽겠다고 생각하면 실수하기 쉽다. 발표 자료의 맥락을 청중들에게 이야기하듯이 들려준다고 생각하면 된다. 발표 자료 내용을 발표자의 언어로 청중이 따라오면서 들을 수 있는 정도의 속도로 이야기하면 된다. 될 수 있으면 단문으로 발표해야 한다. 주어와 동사, 목적어가 하나만 나오게 한다. 특히 목적어 여럿을 한 문장으로 해서 발표하지 않아야 한다.

발표를 하면서 호흡을 조절할 수 있어야 한다. 너무 숨이 가쁘면 갑자기 긴장되면서 떨릴 수 있다. 천천히 호흡을 맞추어가면서 발표해야 한다. 그렇게 하려면 청중들과도 호흡을 맞출 수 있어야 한다. 참석자 한 사람 한 사람과 눈을 맞추고(Eye Contact) 청중들의 반응을 살피면서 시간 조절을 하여야 한다. 발표자의 호흡도 조절하고 참석하고 있는 청중들의 반응도 맞추기 위해서 발표의 속도와 시간을 조절하는 것은 중요하다. 발표시간에 청중과 눈을 마주치지 않고 허공을 보거나 한쪽만 보고 있으면 청중과의 소통이 어려워진다. 자신감 있게 청중들과 눈을 마주쳐야 한다. 두려움이 있다면 고개를 끄떡이거나 호응을 하는 청중부터 눈을 마주치기 시작해서 참석자 개개인과 좌에서 우, 우에서 좌, 앞에서 뒤, 뒤에서 앞의 순서로 눈을 맞추면 된다.

다음은 발표의 프로처럼 보여야 한다. 기세에 눌리지 않아야 한다. 발표장에서만큼은 주도권이 발표자에게 있고 발표 시간은 발표자에게 주어진 것이기 때문이다. 자세는 편안하게 하되 양발에 체중을 균형되게 주고 약간만 움직이면 된다. 짝발로 서면 최악이다. 이야기를 하면서 몸이 움직이면 불안해 보인다. 특히 뒤꿈치를 들었다 놓았다 한다든지 좌우로 흔들리지 않도록 해야 한다. 청중들에게 등을 보이면서 이야기하지 않도록 주의한다. 발표 자료를 보면서 자료를 확인하고(Touch), 청중들에게 돌아서서(Turn), 이야기(Talk)해야 한다.

레이저 포인터로 발표하는 부분을 알려주면서 하면 좋다. 그렇지만 레이저 포인터로 자료를 계속 비추면서 흔들고 있으면 청중들이 불편해진다. 레이저 포인터 불빛을 청중을 향해서 흔드는 것은 최악일 것이다.

누구나 프레젠테이션에서 실수 없이 처음 생각한 대로 발표하고 싶어 한다. 철저한 준비를 통한 자신감을 바탕으로 평소보다 조금 높은 목소리로 발표하여야 한다. 전달하고자 하는 메시지를 청중과 호흡을 맞추면서 스토리를 전개하듯이 발표해 보자. 그렇지만 실수는 때로 발생한다. 약간의 실수가 있더라도 상관없다. 전달하고자 하는 메시지를 논리적으로 전달하였으면 충분하다.

상황에 따른 순발력을 기르자

　프레젠테이션을 하다 보면 돌발적 상황이 발생할 수도 있다. 돌발적 상황은 발표자에게 발생하는 경우와 참석 대상자들로부터 발생하는 것이 있다.

　발표자는 갑자기 사고가 생기지 않도록 컨디션(몸 상태) 관리를 잘해야 한다. 특히 평소보다 일찍 발표장에 도착해 있도록 한다. 발표장에 들어가는 것이 어렵다면 2~3분 거리 이내의 장소에 도착해서 준비하고 있어야 한다. 문제 해결을 하는 팀에서는 만약의 경우를 대비해서 제2의 발표자도 있어야 한다.

　발표장에서 참석자들은 여러 가지 상황을 연출할 수 있다. 프레젠테이션 자체를 힘겹게 만드는 불쾌한 행동을 하는 청중에서부터 발표자를 무시하는 우월감을 가진 청중도 많이 있다.

　프레젠테이션 도중에 너무 많은 질문을 할 때는 프레젠테이션 종료 이후에 충분한 질의, 응답시간이 있다고 말하면 된다. 잡담을 하거나 분주해 보이는 사람은 눈을 맞추어서 주의하도록 유도하거나 움직일 수 있다면 그 사람 뒤편으로 갔다 오는 방법도 있다. 주위에 있는 다른 참석자들이 주의를 시키도록 유도하면 더욱 좋다.

특히 이러한 상황은 질의, 응답 시간에 많이 발생할 수 있다. 간혹 질문을 독식하는 참석자도 있다. 다른 참석자들에게도 질문 기회를 주도록 유도하면 된다.

"~한 말씀을 하셨는데요, 좋은 내용인 것 같습니다. 다른 분들은 어떤 의견을 갖고 계시는지 들어 보겠습니다. 저쪽에 계신 분께서 말씀해 주시지요."

경우에 따라서는 질문의 요지를 파악하기 힘든 경우도 있다. 다시 한 번 질문의 요지를 정리해 주면서 답변을 시작한다.

"다른 분들을 위해서 제가 다시 한 번 요약해 보겠습니다."라고 시작하면 부드럽게 진행할 수 있다. "지금 말씀하신 내용이 ~이 맞습니까?"라는 직설적 대응은 좋지 않다.

발표자를 곤궁에 처하게 하고 싶은 질의도 있다. 경우에 따라서는 발표자도 알 수 없는 질의를 하는 경우도 있다. 까다로운 질문은 발표자가 직접 해결하지 않아도 된다. 모든 질의에 완벽하게 대답해야 할 의무가 있는 것은 아니다. 발표 내용의 논리적 전개에 대한 질의가 아니고 관련된 전문적인 사항에 대한 질문이므로 참석자 중에서 대답할 수 있도록 유도하면 된다. 필요한 경우에는 전문가에게 확인해서 나중에 대답해 주겠다고 해도 괜찮다. 가장 큰 실수는 잘 알지 못하는 내용을 아는 것처럼 대답하는 경우이다. 신뢰의 문제를 유발할 수 있으므로 정확히 모르는 것은 확인해서 알려주겠다고 양해를 구하는 것이 최선이다.

참석자들끼리 의견 충돌이 있는 경우도 있다. 될 수 있는 대로 발표 장에서 의견 충돌이 지속되지 않도록 분리가 필요하다. 쌍방의 입장을 충분히 이해한다고 하고, 별도로 논의하는 것이 좋겠다고 넘어가면 된다. 때에 따라서는 중립적인 참석자가 중재할 수 있도록 유도할 필요도 있다.

마지막으로 질의, 응답 시에 유의할 사항이다. 먼저 질의할 시간임을 알려준다. 질의를 준비하는 동안 잠시 기다려준다. 이해를 돕기 위해서 추가적인 질의가 필요하다고 판단되는 경우에는 거꾸로 발표자가 청중에게 질의해 볼 수도 있다. 충분히 이해가 되었는지 궁금하기도 하고 보완해서 설명했으면 하는 부분이 있어서 반대로 질문을 해보는 것이다.

질문이 시작되면 질문하는 사람에게 집중하고 경청한다. 질문이 끝나면 질문자로부터 물리적으로 멀어지고, 마주치고 있던 눈도 다른 곳으로 시선을 돌린다. 질문자로부터 전체 참석자에게로 전환하는 것이다.

발표자가 질문자의 질의 내용을 다시 한 번 간략하게 요약해서 정리하면서 답변을 위한 준비시간을 가진다. 답변은 전체 참석자를 대상으로 처음 발표 시에 설명했던 이상의 정보를 설명한다. 이때 설명 자료 중에서 해당 부분을 보여주면서 진행하면 더욱 좋다.

질의에 대한 답변도 무엇을 이야기 하는지(What), 왜 그러한 이야기를 하는지(Why), 어떻게 하자는 것인지(How), 그래서 결국 무엇을 하여야 하는지(So what) 하는 순으로 설명하는 것이 바람직하다.

프레젠테이션의 3요소 : 업무나 과제 수행 결과의 프레젠테이션은 다음 세 가지 요소를 갖추어야 한다. 첫째, 발표할 내용이 청중의 요구사항과 일치하여야 한다. 둘째, 발표 자료가 간결하고 논리적이어야 한다. 셋째, 참석 대상자는 누구이며, 대상자들이 발표 내용에 대해 호응하는 정도를 알고 있어야 한다.

프레젠테이션의 기본

1. 발표할 내용에 대해 숙지하고 있어야 한다.
2. 발표장에 있어야 할 준비물들을 사전에 확인한다.
3. 참석자 숫자와 발표 내용에 대한 이해 정도를 파악한다.
4. 발표시간은 얼마이며, 어떠한 스토리로 발표할 것인가를 미리 준비하여야 한다.
5. 예상되는 질문과 답변이 곤란한 질문은 어떻게 할 것인가에 대한 대응책을 마련해 둔다.

프레젠테이션 시 해야 할 것

1. 발표 전에 혼자서 입과 얼굴 근육을 푼다.
2. 발표할 내용을 머릿속에서 스토리텔링해 둔다.
3. 평소보다 약간 큰 목소리로 발표한다.
4. 발표 자료를 맥락 중심으로 강약을 두면서 전달한다.
5. 표현은 단문 형태로 끊어서 한다.
6. 호흡을 조절하면서 말을 이어간다.
7. 청중과 눈을 맞추면서 한다(Eye Contact).
8. 자세는 편안하게 하고 자신감을 가지고 한다.
9. 자료를 확인해서 보여주고, 청중들을 보면서 이야기한다.
10. 약간의 실수나 돌발적 상황이 있더라도 메시지를 충분히 전달하였으면 성공이다.

프레젠테이션 시 하지 말아야 할 것

1. 목소리가 작아서 혼자 말하는 목소리처럼 들린다.

2. 발표 자료를 있는 그대로 읽는다.

3. 여러 문장을 맺음이 없이 이어서 이야기한다.

4. 너무 빨라서 호흡이 가쁘다.

5. 허공이나 한쪽만 보고 있다.

6. 짝발로 서 있다.

7. 몸을 계속 흔들면서 이야기한다.

8. 청중들에게 자주 등을 보인다.

9. 레이저 포인터로 자료를 비추면서 계속 흔든다.

10. 레이저 포인터 불빛이 청중을 향한다.

CHAPTER 3

문제 해결하기

PART 1

사실 확인은 논리적으로

1. 목적과 취지를 분명히 하자

업무보고를 하던 중에 "왜 이것을 하지?"라는 질문을 받아 본 적이 있을 것이다. 조금 심하게 이야기하는 분들은 "도대체 무슨 얘기를 하는 것인지 모르겠다. 분명하게 해 봐"라고 직설적으로 표현하기도 한다. 상사가 이러한 반응을 보이는 이유는 대부분 목적을 분명하게 하지 않거나, 무엇을 하고자 하는지 모호하게 표현하고 있는 경우라고 보면 된다.

조그마한 일을 하더라도 목적성이나 방향성이 분명해야 흔들리지 않고 갈 수 있다. 아무리 과정이 훌륭하더라도 정해진 목적지가 불분명하거나 다른 목적지로 가고 있다면 의미가 없기 때문이다. 문제를 접하면 먼저 왜 이러한 문제가 발생하는지, 문제 제기자가 있다면 왜 문제를 제기하게 되었는지에 대한 배경을 알아보아야 한다. 나아가서 문제 해결을 통해서 얻고자 하는 궁극적 목표나 방향이 무엇인지를 분명히 해 두어야 한다.

목적과 취지를 분명히 하기 위해서는 출제자(직장에서는 업무를 지시한 상사)는 왜 이러한 문제를 제기하고 이 문제를 해결하는 것이 어떠한 의미가 있는지를 확인하는 것이 우선이다. 문제의 의미를 확인한다는 것은 문제의 본질을 파악하는 것이다. 본질이나 의미를 확실하게 해 두는 것이 목적과 취지를 분명히 하는 것이다.

문제의 의미를 분명히 한다는 것은 문제 해결을 위해서 과제 진행의 전체적인 윤곽을 잡기 전에 개념이나 콘셉트(Concept)를 구상하는 단계에 해당한다고 보면 된다.

콘셉트는 문제를 제기한 출제자, 문제와 관련이 있는 이해관계자, 그리고 제3자의 관점을 포괄할 수 있어야 한다. 어느 한 방향으로 고정이 되면 문제의 본질을 파악하지 못할 수도 있기 때문이다. 출제자가 콘셉트를 분명히 제시하는 경우에는 범위를 분명히 하고 문제 해결을 시작하면 되지만, 대부분은 문제의 콘셉트를 분명히 하는 데에 시간을 할애할 필요가 있다. 대부분은 과제를 통해서 무엇을 해결하고자 하는 것인지가 확실하지 않다. 따라서 문제의 콘셉트를 분명히 하는 데에 시간을 할애할 필요가 있다.

【김부장과 최과장 EPISODE 6】

14:00 PM, 교통 데이터 제공 전문 'T-DATA' 본사 회의실

박차장 : 이번 교통 데이터 분석 프로젝트의 해결 방안에 대해 여러 가지 안을 생각하고 있습니다. 무엇보다 이 프로젝트의 본질을 더 확실하게 파악해야 좋은 해결 방안이 나온다고 생각됩니다.

최과장 : 네, 맞습니다. 저희도 처음에는 쉽게 해결 방안을 찾으리라는 생각에 많은 노력을 기울였지만, 생각보다 쉽지 않아서 이렇게 외부 전문가를 모시게 된 것입니다. 이런 복잡한 문제를 해결하기 위한 방법이 있을까요?

박차장 : 프로젝트의 목적과 취지를 명확화하는 작업이 중요합니다. 이 부분이 취약하면 좋은 해결책을 내기 힘듭니다. T-DATA사의 이번 프로젝트의 목적은 뭐라고 생각하십니까?

최과장 : 현재 교통 관련 데이터를 다양한 채널을 통해 수집하고 있습니다. 그리고 이 채널은 점점 늘어나고 있습니다. 현재 저희가 일하는 방식으로는 시간과 인력이 부족합니다. 시간이나 인력을 크게 늘리지 않고도 다량의 데이터를 분석해서 이 정보가 필요한 고객들에게 빠른 시간 내에 제공하는 것이 목표입니다.

박차장 : 혹시 생각해 둔 해결안은 있으신지요?

최과장 : 몇 가지 있지만, 저 혼자만의 생각이라…. 외부 전문가분들과 사내 직원들의 아이디어도 듣고 싶습니다. 그런데 이런 작업을 해 본 적이 없어서 방법을 잘 모르겠네요. 여러 사람의 의견을 모아 해결책을 찾는 좋은 방법 없을까요?

박차장 : 브레인스토밍과 뭉게구름 연상법 들어보셨나요?

최과장 : 뭉게구름이요?

출제자의 의도를 알아야 한다

지금까지 수많은 문제를 접해 왔을 것이다. 누가 문제를 냈는지, 왜 이런 문제를 출제했는지 궁금하게 생각해 본 적이 있는가? 출제자의 의도를 알면 풀이를 위한 접근도 쉬워질 것이다.

직장생활을 하면서 상사로부터 많은 업무(과제)를 부여받는다. 과제를 부여한 상사는 왜 이러한 문제를 제기하였으며, 무엇을 기대하고 있는지에 대해 먼저 알아보자.

문제 제기의 이유나 문제에서 기대하는 결과를 문제의 출제자도 정확히 모르거나 잘못 인식하고 있을 수도 있다. 문제의 출제자가 출제 의도를 정확히 알고 있다 하더라도 정확한지 다시 한 번 확인할 필요도 있다.

우리가 제품을 생산할 때에는 규격과 품질, 요구 기능 등 스펙(Specification)을 기준으로 주문자의 요구사항(Requirement)을 만족하게 해야 한다. 일상적으로 접하는 문제에도 스펙이나 요구사항이 명확하게 표시되어 있다면 다행이다. 학교에서의 시험문제를 제외하면 어떠한 문제에도 스펙이나 요구사항이 표시된 경우는 없다.

문제를 풀이하는 입장이 아니라 문제를 제기하는 입장이 되어서 어떤 방식으로 문제를 낼 것인지 생각해 보자. 우선 이슈가 되는 상황을 타개하고 싶을 것이다. 이슈가 되는 상황이 왜 발생하게 되었는지 알고 있다면 문제의 상황을 알려주고 해결할 방안을 제시하라고 하면 된다. 그렇지만 왜 그러한 상황이 발생하는지 불명확할 때는 어떨까? 그냥 무엇이 문제인지 파악해 보라고 할 것이다.

문제의 원인을 알고 있는 경우에는 현상분석보다는 해결책을 제시하는 것에 집중하면 된다. 원인을 모르면 원인분석부터 하여야 하는 것은 당연하다. 출제자의 입장이 된다면 먼저 현상분석을 통해서 원인을 파악한 다음에 대책만을 요구할 수도 있다. 여러분이라면 문제를 제기할 때에 어떻게 하고 싶은지 궁금하다.

사회생활을 시작하면서 문제를 푸는 입장이 될 것인지, 문제를 제기하는 입장이 될 것인지는 선택의 문제일 수도 있다. 직장생활을 시작하면 주로 문제를 푸는 입장이 될 것이고, 자기만의 사업을 시작한다면 문제를 제기하는 도전에 직면하게 되는 것이 일반적이다.

직장생활을 하더라도 문제를 스스로 제기하여 풀어나간다면 도전적이고 자발적으로 업무에 임하게 된다. 이러한 적극적인 자세는 직장에서 빨리 정착하고 상사와의 관계도 원활하게 할 것이다. 그래서 문제를 제기할 수 있는 사람이 되는 것은 중요하다.

최근에 스스로 문제를 제기해 본 적이 있는가? 문제 해결의 전문가가 되려는 분들은 문제 제기의 전문가도 되어야 한다. 주변에서 일어나는 현상에 관해서 관심을 가지고 관찰해서 문제를 제기해 보자. 문제는 어디에든지 있다. 다만 구체화해서 제기하기가 쉽지 않을 뿐이다. 해결책까지 포함해서 제시하여야 한다면 더욱 어렵다.

문제의 제기도 문제의 본질과 그 의미가 무엇인지를 생각하면서 해야 한다. 결과로 나타난 현상을 문제로 보아서는 곤란하다. 현상이 나타나는 원인이 무엇인지에 대해 관찰하고 고민해서 왜 이러한 현상이 일어나는지에 대해 질문할 수 있어야 한다.

이해관계자의 입장을 알아보자

모든 문제에는 관련된 당사자들이 있다. 목적과 취지를 분명히 하는 단계에서부터 이해관계자 관점에서 어떠한 이슈가 있는지를 확인해 보아야 한다. 이해관계들도 처한 상황에 따라서 입장이 다를 것이다. 먼저 개략적인 이해관계자를 살펴보고, 이해관계자 별로 이해득실을 살펴보아야 한다.

이해관계자를 정리하는 것은 어렵지 않을 수도 있으나 상호 의견이 다른 이해관계자도 존재하고 얼핏 보기에는 잘 파악이 안 되지만 실질적으로는 이해관계가 상충하는 경우도 있다. 그래서 같은 이해관계자로 보이더라도 구분해서 볼 필요가 있다. 계층화(Segmentation)나 층별화(Stratification) 해서 보자는 것이다.

계층화는 공통적 특징을 가진 층으로 나누어서 나누어진 각 층의 요구사항에 맞게 대응하는 것을 말한다. 일반적으로 층을 나누는 기준으로 나이나 성별 등 인구학적 특성, 도시화 정도에 따른 지역적 특성 등으로 분류한다. 그 외에도 심리적, 사회적 특성에 따라 분류할 수도 있다.

휴대폰의 사용자 연령층이 청소년에서 노년층까지 있다. 이들을 연령대별로 분류해서 보면 해당 물건에 대한 요구사항은 연령대에 따라 다르다. 또한, 남자와 여자를 구분해서 볼 경우에도 불만이나 요구사항이 확연히 구분될 것이다. 이처럼 휴대전화에 대한 이해관계자를 연령대, 성별로 구분해서 살펴보는 세그멘테이션을 하지 않는다면 일부 이해관계자의 입장에서만 생각하게 된다. 그렇게 되면 휴대전화에 대한 문제가 제기된 배경을 정확히 파악하기 어렵게 된다.

층별화도 유사한 개념으로 이해하면 된다. 예를 들어서 시간대별로 작업자의 특성이 달라지는지를 분석해 본다면 시간대를 나누는 층별화를 하면 된다. 설비별로 품질에 차이가 있는지를 알고 싶다면 설비 단위별로 품질지표를 파악해야 하고, 작업방법에 따라 품질 편차가 어느 정도인지를 알고 싶다면 작업방법별로 파악해야 한다. 이처럼 시간대별, 설비별, 작업방법별로 구분해서 현상을 분석하는 것이 층별화이다.

제삼자적 관점에서 보자

바둑을 두어 본 적이 있는지? 체스도 좋고, 장기도 좋다. 실제 대국을 하는 사람은 보지 못하는 것이 옆에서 훈수를 두는 사람에게는 보이는 경우가 많다.

살아가면서 맞닥뜨리는 문제도 당사자는 이해하지 못하는 경우가 많다. 그래서 인생의 멘토를 찾아가기도 하고 친구, 선배의 조언을 듣기도 한다. 본인은 모르는 문제를 제3자는 어떻게 알 수 있을까? 이해관계에 얽매여서 큰 줄기를 놓치기도 하고, 사소한 것이나 바로 앞의 현상에 눈이 현혹되어서 전체의 흐름을 파악하지 못하는 경우도 많다.

'당국자미(當局者迷) 국외자청(局外者淸)'이라는 말이 있다. 대국을 두고 있는 당사자는 혼미할 수 있으나 대국 밖에 있는 제3자는 맑게 볼 수 있다는 의미이다. 문제를 알면 답이 보이는데, 너무 문제 속으로 빠져들어버리면 전체를 볼 수 없어서 혼란스러워진다.

학교에서 치는 시험문제를 생각해 보자. 문제를 알기 위해서 즉, 좋은 점수를 받기 위해서 이론을 배우고 기본적인 문제를 풀어 본다. 기본적인 문제에 숙달하면 응용문제도 풀어 본다. 많은 이론을 알고 많은 응용문제를 접해 본 학생이 좋은 점수를 맞는다. 문제를 많이 풀어 보고 요약정리를 해 두는 이유는 문제를 미리 알고 대처하기 위해서이다. 실전 시험에서 문제를 접했을 때 어떤 유형의 문제이며 답은 어떻게 도출하면 되는지를 알고 있다면 당황할 이유가 없다.

생소한 문제가 나오면 어떻게 하는가? 문제를 알지 못하면 풀이를 할 수 없다. 응용능력을 키워 두어야 하겠지만 어떤 경우에는 문제 유형을 오해해서 엉뚱한 방식으로 문제를 풀다가 꼬여서 시간만 허비하는 경우도 있다. 생소한 문제는 전문가인 선생님의 훈수가 필요하다. 실제 시험장에서는 선생님의 훈수를 들을 수 없는 아쉬움이 있다.

처음 보는 문제를 접했을 때 전문가인 선생님은 어떻게 접근하였는지를 생각해 보자. 당황하지 말고 한 발짝 비켜서 바라보면 뜻밖에 좋은 방법이 떠오른다.

사회생활이나 가정생활에서의 문제는 거의 모두가 처음 접하는 문제이고, 출제 의도가 무엇인지 바로 알 수 있는 경우도 별로 없다. 물론 유사한 사례들이 있을 수는 있지만, 주변 여건까지 똑같은 경우는 없으므로 새로운 문제라고 봐야 한다.

문제를 제기한 사람이나 이해관계 당사자조차 문제의 원인이 무엇인지를 모르는 경우도 있다. 문제의 원인이 무엇인지를 알 수 없는 경우에는 해당 문제에 이해관계가 없는 사람들의 훈수를 들어보면 객관적 입장에서 문제를 파악할 수도 있다. 훈수를 두는 사람은 전문가 집단일 수도 있고 이해관계자들의 이해관계자인 간접적 이해관계자일 수도 있다.

파악이 되지 않는다면

받은 과제가 너무 새로워서 도저히 문제의 의미가 무엇인지 파악이 되지 않는다면 그냥 낙서를 해 보자. 주제를 생각하면서 떠오르는 단어도 적어보고 생각나는 형상도 그려보자. 논리적일 필요는 없다. 관련성이 없어도 괜찮다. 며칠이 걸리더라도 해보자. 그러고 나서 무작위로 적어 둔 단어와 형상들을 유사한 것끼리 묶으면서 다시 생각나는 단어들을 추가로 적어 나간다. 이러한 과정을 반복해서 실시한다.

주제와 관련된 자료들, 책이나 리포트, 논문 등을 읽으면서 위의 과정을 반복하면 더욱 좋다. 제3자인 전문가나 해당 분야에 조예가 깊은 사람의 의견을 들으면서 위의 과정을 반복할 수도 있을 것이다.

주어진 문제의 내용을 알고 있는 경우에는 이러한 방법을 쓸 필요가 없을 것이다. 바로 문제점을 구체화해서 현상을 분석하고 해결책을 찾아 나서면 된다. 그렇지만 과제를 접했을 때 무슨 내용인지 어떻게 접근해야 할지 모르는 경우도 있다. 이럴 때 유용한 방법이다.

무작정 토론해보는 브레인스토밍도 가능하다. 같이 과제를 수행하는 팀원들이 있다면 유용하다. 이 경우에 반드시 지켜야 하는 브레인스토밍의 원칙이 있다. 첫째 원칙은 다른 사람의 의견을 비난하지 않는다. 둘째 원칙은 다른 사람의 의견에 보태어서 각자의 의견을 추가한다. 브레인스토밍에 대한 보다 더 상세한 내용은 PART 2에서 다시 설명하기로 한다.

무작정 생각을 해보는 방식은 일반적인 마인드맵 기법과는 약간 다르다. 이름을 굳이 붙이자면 '뭉게구름 연상법'이라 하면 좋을 것 같다. 뭉게구름처럼 아무런 연관이 없는 것들이라도 마음대로 상상해 보자는 의미이다. 요즘 인기가 있는 빅데이터의 '워드 클라우드(Word Cloud)'를 생각해 보면 된다. 주제와 관련해서 인터넷 등 온라인에서 언급되는 단어들을 구름처럼 모아서 보면 무엇이 이슈인지 알 수 있는 것과 같은 원리이다.

문제를 알려고 할 때 자신의 두뇌 속에 이미 무한히 잠재된 정보들을 빅데이터(Big Data) 기법을 활용하는 것처럼 무의식적으로 끌어내 보는 활동이라고 보면 된다.

〈그림 3-1〉에서 보는 바와 같이 1단계는 무작정 상상해 보고, 2단계로 유사한 것끼리 묶어보고, 유사한 것으로 묶은 것에 이름을 붙이고 다시 그 이름을 붙인 것에 대해 무작정 상상해서 적어본다. 3단계에서는 이론적 내용을 조사하고 전문가 의견을 들으면서 1단계와 2단계의 과정을 아래에서 위로, 위에서 아래로 반복해 본다.

이러한 과정은 흔히 하는 브레인스토밍이나 마인드맵과 비슷한 방법으로 보이지만 분명히 다르다. 첫 번째는 아무런 제한 없이 무작정한다는 것이다. 두 번째는 뭉게구름처럼 상상들을 모았다가 다시 헤치는 과정을 반복하는 것이다. 세 번째는 결론을 도출하자는 것이 아니라 방향성만 도출하는 것에 목적이 있다.

<그림 3-1> 뭉게구름 연상법

1단계 : 무작정 적는다.

2단계 : 유사한 것끼리 모아 본다(포스트잇으로 하면 편리하다).

3단계 : 연구자료 등 문헌 조사와 사례조사, 전문가 의견을 들으면서 1~2단계를 반복한다.

그냥 뭉게구름 속을 타고 날아다니는 손오공처럼 마음껏 상상해 본다는 것이다. 자신의 잠재역량을 믿어보는 것이다. 부족하다 싶으면 관련 자료를 무작정 읽으면서 상상 속으로 들어가 본다. 풀리지 않는 문제가 있다면 시도해 보자.

단번에 해결된다고 생각하지 말고 처절하게 고민하지 말고 긴장을 풀고 편안하게 구름 속을 거닐고 있다는 심정으로 하면 된다. 이러한 과정에서 문득 떠오르는 단어(특히 명사)를 놓치지 말고 메모해 두면 유용하게 활용할 수 있다. 식사 중이거나 세면, 잠을 자다가도 떠오르는 단어는 반드시 적어 두어야 한다. 잊지 않기 위해서다.

진중권은 작가 노트 『나는 미학오디세이를 이렇게 썼다』에서 우연을 도입하면 때때로 놀라운 착상을 얻어낼 수 있다고 했다.

『'우연'은 내 주관의 한계를 넘어서는 사태다. 내가 원한다고 발생하는 것도 아니고, 원하지 않는다고 일어나지 않는 것이 아니다. 우연은 내 주관의 바깥에서 치고 들어온 사건의 발생이다. 그것은 내 주관적 상상력의 한계 그 너머를 사유할 수 있게 해준다.』

『도서관에서도 종종 이런 체험을 한다. 서가를 헤매다가 우연히 끌리는 책을 발견할 때가 있다. 전혀 다른 분과의 책인데도 가끔은 그 안에서 마침 내가 읽던 책의 주제 혹은 내가 평소에 관심을 가졌던 주제와 연관된 내용을 발견하게 된다. 이때 내가 관심을 갖고 있던 주제를 전혀 다른 관점, 전혀 다른 시각에서 볼 수 있게 된다. 대개 생산적인 글은 동종교배가 아닌 이런 이종교배의 산물인 경우가 많다.

이런 식의 우연한 만남은 사고를 극한으로까지 넓혀준다. 이렇게 나온 글은 작가의 주관적 사유를 넘어서는 어떤 객관적 사태의 산물이 된다.』

뭉게구름 연상법은 생각의 한계에 부딪혔을 때 사고의 범위를 '우연'의 극한으로 넓혀주는 단계적 사고방법으로 활용할 수 있을 것이다.

범위를 분명히 하자

주어진 문제의 목적과 취지를 분명히 해서 의미를 이해하고 나면 문제를 해결하고 난 이후의 바람직한 상태나 원하는 상태가 어떠한 것인지를 상상해 보아야 한다. 문제 해결 과정에서 너무 많은 시간이 필요해서 주어진 시간에 분석이 어려운 경우도 있다. 또한, 문제를 해결하는 것이 현재의 여건에서는 필요하나 해결 시점에서는 필요하지 않은 상황이 아닌지를 먼저 예상해 보자는 것이다. 이렇게 하는 이유는 과제의 한계점이나 전제사항을 확인해 보고 과제의 범위를 분명히 하기 위함이다.

목적과 취지 및 범위나 전제사항이 분명해지면 주제의 제목이 제대로 정해졌는지 다시 한 번 살펴보고 필요하면 수정을 한다. 제목이 적정하지 않으면 주제의 콘셉트를 오해하거나 다른 선입견을 가질 수 있기 때문이다. 또한, 현상분석이나 해결책을 도출하는 과정에서 혼돈이 발생할 수도 있다.

특히 과제를 완료해서 이해관계자에게 설명하고 동참을 유도해야 할 때는 더욱 주제의 제목이 간결하면서도 명확해야 한다. 광고의 카피라이팅을 생각해 보면 된다. 함축적이면서도 제품의 이미지를 확실하게 전달하고, 고객에게 매력적으로 다가설 수 있는 한 줄을 뽑아내야 한다.

예를 들어서 평가의 주기를 줄여서 상시적으로 성과 향상을 유도할 수 있도록 평가 코칭을 도입하고 평가체계를 개선하는 주제를 생각해 보자. 제목을 어떻게 하면 좋을까? 처음에 '성과향상 유도를 위한 상시적 평가방안 도입 검토' 정도로 하였다. 이해가 쉽지 않고 길다. 그래서 '상시 성과관리 방안'이라고 해 보았다. 좀 더 명쾌하지 않은가?

아울러서 과제수행 중에 소통의 원활화를 위해서 사용하는 단어(명사)는 이중적 의미가 있는 단어는 될 수 있으면 사용하지 말아야 한다. 불가피하게 전문용어를 사용할 경우에도 용어에 대한 개념 정의가 분명해야 한다. 약어는 줄이기 전의 원래 본말을 풀어서 설명해야 하며, 의견수렴이나 토의, 인터뷰 시에는 반드시 용어의 개념에 대해서 사전에 설명하고 공감대를 형성해야 한다.

목적과 취지 명확화 : 본질이나 의미를 확실하게 해 두는 것이 목적이나 취지를 분명히 하는 것이다.

문제가 발생하는 배경이 무엇이며, 문제를 해결해서 얻고자 하는 것이나 구현하고자 하는 것이 무엇인가를 분명히 한다.

목적 파악 방법
① 업무지시자(출제자)의 의도를 파악한다.
② 이해관계자의 입장에서 생각한다.
③ 제삼자적 관점에서 본다.

목적이 불명확할 때 : 생각의 한계에 부딪혔을 때는 사고의 범위를 '우연'의 극한으로 확장해 볼 필요가 있다. 브레인스토밍과 뭉게구름 연상법을 활용해 보자.

〈뭉게구름 연상법 활용〉
1단계 – 무작정 적는다.
2단계 – 유사한 것끼리 모아 본다.
3단계 – 선행자료, 전문가 의견을 들으면서 1~2단계를 반복한다.

과제 범위와 연계 : 문제를 해결하고 난 이후의 바람직한 상태를 상상해 보고, 실현하지 말아야 할 것들이 있는지도 점검하여 과제 범위를 분명히 한다.

주제의 제목은 과제 범위를 분명하게 알 수 있도록 한다. 주제의 콘셉트를 바로 이해할 수 있도록 간결하면서도 명확하게 하면 좋다. 용어는 가려서 사용하고 필요 시 용어 정의를 정확하게 한다.

2. 현상분석은 사실을 바탕으로

현상분석은 사실을 바탕으로(Fact-based) 논리적으로 전개되어야 한다. 그렇지 않으면 업무를 수행하는 담당자인 문제 해결사보다 훨씬 경험과 지식이 많은 상사, 즉 문제 제기자의 다양한 질문을 방어해 낼 수 없기 때문이다.

사실을 바탕으로 하더라도 사실확인(Fact Finding)이 중립적이어야 한다. 사실관계의 일부만을 확대해서 해석하고 전체의 맥락적 흐름을 숨기고 있다면 더욱 큰 문제를 일으킬 수도 있다. 그런 측면에서 사실관계의 확인은 중복되지 않으면서도 전체를 포괄하고 있도록 구조화되어야 한다. 맥킨지는 이를 MECE(미시: Mutually Exclusive and Collectively Exhaustive)라고 한다. MECE는 논리적 사고의 출발점이라고 보면 된다. 반면에 중요 부분만 명확화하는 것을 LISS(Linearly Independent Spanning Set)라고 한다. 신속하게 방향성만 확인할 때는 LISS적 접근도 가능하다. 논리적으로 전체를 분석해서 대책을 수립하고 싶다면 MECE적 접근이 필요하다.

사실확인의 과정에서 자료 수집자의 관점이나 시각이 중립적일 필요도 있다. 개인의 가치관이나 경험에 따라 다양한 시각이나 관점이 있을 수 있으나 문제 해결은 중립적이고 보편타당한 프레임에서 출발해야 하기 때문이다.

<그림 3-2> MECE와 LISS

Mutually Exclusive, Collectively Exhaustive

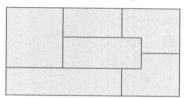

'Linearly Independent Spanning Set'

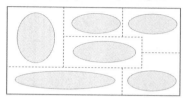

CHAPTER 1, 〈그림 1-4〉의 문제 해결 프로세스에서 보는 바와 같이 현상분석은 첫 번째 단계에서 사실확인을 하고 두 번째 단계에서 자료 분석을 하게 된다. 사실확인을 위해 수집된 다양한 자료들을 정리, 분석하는 단계는 확인된 사실에서 문제의 원인을 파악해내는 과정이다. 자료 분석 또한 철저하게 사실을 바탕으로 논리적으로 전개되어야 한다. 이러한 팩트 기반의 논리적 분석을 보다 간결하고 쉽게 하려고 문제해결 전문가들이 많이 활용하고 있는 분석기법들을 미리 알아두면 유용하다.

【김부장과 최과장 EPISODE 7】

14:00 PM, 교통 데이터 제공 전문 'T-DATA' 본사 회의실

최과장 : 자료가 많은 것이 꼭 좋은 것만은 아닌 것 같습니다. 사실 확인을 하는 과정이 만만치 않습니다.

김부장 : 사실 확인을 위해서는 자료를 정리하는 우리의 시각이 중립적이어야 해. 그런데 그게 말처럼 쉽지 않다 보니 외부 전문가의 도움이 많이 필요하지. 박차장이 그런 역할을 해주고 있는 셈이지.

최과장 : 예, 아무래도 저희보다는 더 중립적인 시각을 가지고 있을 것 같습니다. 그리고 확인된 사실에서 논리적 분석을 끌어내는데도 탁월한 것 같습니다. 다양한 분석기법이 있다고 들었습니다.

김부장 : 그런 노하우도 우리가 배워야 할 점인 것 같아. 항상 적극적으로 모르는 부분을 물어보고 하나라도 더 배울 수 있으면 좋겠어. 주의할 점은 너무 복잡하지 않다면 굳이 분석기법을 적용할 필요가 없이 직관적인 판단이 더 유효하다는 점이야. 이 점은 명심하게.

최과장 : 네, 잘 알겠습니다!

팩트는 중립적 관점에서 보아야 한다

모든 사실관계는 팩트(Facts) 기반으로 정리되어야 한다는 것에 이의를 제기하는 사람은 없을 것이다. 문제를 구체화하기 위해서는 사실관계를 밝혀야 하고, 이를 위해서 팩트를 중심으로 정리할 필요가 있다.

그렇지만 팩트를 중심으로 정리하기 전에 먼저 짚어 보아야 할 것이 있다. 집안에서 바깥 풍경을 본다고 생각해 보자. 우리는 창문 너머로 보이는 풍경을 보게 된다. 창문을 깨끗이 해야 하는 것은 당연하겠지만, 창문틀 안에 보이는 것만 본다는 것도 알고 있어야 한다. 창문틀이라는 프레임은 보고자 하는 풍경을 한정하게 된다. 전체를 보지 못해서 보고 있는 풍경의 실상을 왜곡하게 되는 경우도 있다.

팩트에 기반을 둬서 추진되었을지라도 진실이 아닐 수 있다는 것을 알아야 한다. 팩트 뒤에 숨은 진실을 알 필요가 있다. 가끔 인터넷이나 언론에서 보도되는 내용이 팩트를 전달하고 있으나 실상을 왜곡하는 경우를 생각해 보면 된다. 팩트는 정확히 전달하고 있으나 프레임이 다르거나 전체 팩트가 아니라 일부를 의도적으로 과다 노출하거나 축소해서 보여주게 되면 전체의 실상과는 거리가 먼 내용이 되고 만다.

특정 지역의 경관을 조사한다고 생각해 보자. 풍경의 전체적 윤곽을 알려면 높은 곳에서 지형을 포함해서 보아야 한다. 요즘 같으면 드론을 이용해서 보여주는 풍경이랄까? 또한, 풍경의 전체적 윤곽 이외에 풍경 속에 들어 있는 하나하나의 구성요소들도 살피려면 그 풍경 속으로 들어가서 집과 나무, 살아가고 있는 사람과 동물들까지 살펴보아야 한다. 전체적 윤곽과 그 풍경 안에 있는 세부요소들까지 전부 확인하여 살펴보는 것이 팩트를 기반으로 사실관계를 분명히 하는 것이다.

그렇다고 해서 팩트를 찾아서 무한정의 탐구를 할 수는 없을 것이다. 주어진 시간 범위 내에서 과제를 수행하여야 하므로 팩트를 확인하는 폭과 깊이를 적정하게 조절할 필요가 있다. 풍경화를 그리는 화가가 화폭에 담을 풍경의 범위와 구성들을 어떻게 정하는지 생각해 보자. 사진처럼 있는 그대로 그릴 것인지 과감하게 생략과 강조를 할 것인지는 화가의 특성이나 마음에 따라 다르다. 그럴더라도 팩트에 기반을 둔 풍경화가 되기 위해서는 생략이나 강조의 정도와 수준은 적정하여야 할 것이다.

같은 시간에 같은 사실을 보거나 들은 사람들이 사실관계를 서로 다르게 이야기하는 경우도 많이 있다. 각자의 처한 입장에 따라 다를 수도 있고 각자가 알고 있는 수준에 따라 다를 수도 있다. 마음이 없으면 보아도 본 것이 아니고 들어도 듣지 못하는 것이다. 시이불견(視而不見) 청이불문(聽而不聞)이라고 한다.

팩트를 확인할 때에도 보고 싶은 것, 듣고 싶은 것만 들으면 곤란하다. 입장이 다른 이해관계자는 자신이 처한 상황에서 바라본 팩트를 알려주려 할 것이다. 서로 다른 입장에 있는 부류를 카테고리화(층별화) 하여 별도로 확인해 보아야 하는 이유다. 서로 다른 팩트가 있을 때에 어느 것이 맞고 어느 것이 틀린 것이 아니라는 것이다. 팩트를 확인하는 것, 즉 구체적으로 사실을 확인하는 것은 있는 그대로를 보는 것이지 가치판단을 하기 위한 것이 아니다.

사회적 이슈가 발생하였을 때 같은 사안에 대해서 다른 원인을 제기하고 대책을 달리하는 경우를 자주 본다. 친구들 간에도 인생관이나 세계관의 차이에 따라서 시각이 다른 것은 어쩌면 당연하다. 현상분석을 위한 사실 확인도 보는 관점에 따라서 문제를 다르게 볼 수 있다. 관점을 다르게 보기 시작하면 아무리 논리적이고 좋은 해결책이 나오더라도 문제 제기자가 원하는 해결방안이 아닐 수밖에 없다.

현상분석의 첫 단계인 팩트를 조사할 때부터 문제를 보는 시각, 관점, 프레임이 어디에 있는지를 분명히 해야 한다. 이와 동시에 과제의 수행범위도 다시 한 번 확실히 정해야 한다. 무한정으로 외연을 넓힐 수는 없기 때문이다.

문제를 보는 시각이나 관점은 중립적이고 균형감이 있어야 한다. 특정 목적을 가진 조직에서 수행하는 과제가 아니라면 가치 중립적이고 세상을 보는 시각이 치우치지 않는 균형점에 있어야 하는 것은 분명하다. 사실관계가 중립적 관점에서 정리되어 있을 때 진실에 가까운 것이다. 팩트라는 핑계로 진실을 호도하는 어리석음을 범하지 말아야 한다.

팩트를 조사할 때에는 반드시 마음이 열려 있어야 한다. 즉 중립적 관점으로 접근하고, 경청하여야 한다. 마음이 닫혀 있거나 시각이 왜곡되어 있으면 들어도 들은 것이 아니고 보아도 본 것이 아니게 된다.

논리적으로 구조화하자

팩트를 조사하고 정리하는 작업은 중복되지 않으면서도 전체를 포괄할 수 있도록(MECE) 구조화되어 있어야 한다. 구조화된 현상분석의 가장 일반적이고 기본적인 방법이 5W1H이다.

1) 무엇이 문제인가?(What)

2) 문제가 어디에 있는가?(Where)

3) 문제가 언제 있는가?(When)

4) 문제가 누구에게 있는가?(Who, 사람이 아니면 Which)

5) 왜 문제가 있는가?(Why)

6) 어떤 경우에 문제가 있는가?(How, 빈도는 How many(much))

위의 1)은 현재 상황을 있는 그대로 보는 것이고, 2)~4)는 현재 상황 1)에 대한 사실 확인(Facts Finding)을 하는 것, 즉 좁은 의미의 현상분석이다. 5)는 나타난 현상에 대해 '왜(Why)?'라고 의문점을 제시해서 원인을 분명히 하는 것이고, '왜?'라는 의문점을 던져서 나온 현상이 구체적으로 어떤 경우에 발생하는지 확인하는 것이 6)이다. 줄여서 정리하면 사실관계를 구체적인 팩트로 정리해 내는 것은 1)~4)이고, 정리된 팩트를 왜, 어떤 경우에 발생하는가를 보는 것이 5)~6)의 확인 과정이다.

5W1H 이외에 컨설턴트들이 과제를 논리적으로 수행하는 경우에 사용하는 방법의 하나로 SCQA(Situation, Complication, Question, Answer) 접근법이 있다. Situation(상황) 단계가 위의 1)에 해당하는 What을 보는 것이다. Complication(상황을 복잡하게 만드는 전개)은 2)~4)에 해당하는 것으로 원래의 모습과 달라서 발생하는 이상 상태, 불만들을 확인하는 단계이다. Question(의문 제기) 단계가 5) Why에 해당한다. 왜? 라는 의문을 계속해서 3번에서 5번까지 제기하면 더욱 근본 원인에 도달할 수 있다. 이를 5Why 기법이라고도 한다. Answer(대응방안)는 위의 단계를 거치면서 제기된 근본 원인에 대해 해결책을 제시하는 단계로서 이 책에서는 Part 2에서 다루기로 한다.

5W1H나 SCQA는 현상분석에서 해결책 제시에 이르는 과정을 구조화해서 논리적으로 전개하기 위한 것이다. 특히 현상분석 단계를 사실확인과 원인도출 과정으로 나누어서 체계적으로 사고하기 위한 것이다.

<그림 1-2>에서 보여준 What & Why 구조의 생각 프레임을 확장하여 <그림 3-3>의 What & Why 다음에 How & So What을 실시하는 구조로 생각 프레임을 가져가면 된다.

What & Why는 현상분석 단계이고, How는 현상분석 결과 도출된 원인 중에서 핵심이 되는 원인이 무엇인지를 정리하는 단계, So What은 도출된 핵심원인을 해결하기 위한 솔루션이 무엇이어야 하

는가를 제시하는 단계에 해당한다. 본 CHAPTER의 PART 1에서는
What & Why 중심으로 다루고, PART 2에서는 How & So what에
중점을 두고 있다.

<그림 3-3> What & Why, How & So What 구조의 생각 프레임

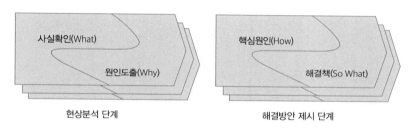

크게 보면 문제 파악, 즉 현상분석은 사실확인과 원인도출이다. 사
실확인은 5W1H에서는 What, Where, When, Who 단계이고, SCQA
에서는 SC 단계이다. 사실 확인 단계에서는 될 수 있으면 정량적으로
데이터화 하는 것이 좋다. 데이터화가 되지 않더라도 유형별로 분류
해서 분석할 수 있도록 정리해야 한다.

정리된 데이터와 자료들을 모아서 문제가 발생한 사유를 밝혀내는
과정이 원인도출이다. 현상을 분석해서 이슈가 왜 발생하고 있는지를
확인하여 원인을 도출하는 과정에 해당한다. 사실확인을 통해서 나
온 데이터와 자료들을 기초로 해서 왜 이러한 현상으로 나타나는지
를 살펴보는 것이다.

데이터와 자료들은 원래 있어야 할 바람직한 모습과 어떠한 차이가
있는지, 왜 그러한 차이가 발생하는지를 파악하기 위해서 수집한다.

사실확인을 통해서 나온 결과물들에 대한 의문 제기, 기대하는 모습이나 방향과의 차이가 왜, 어떤 이유로 발생하는지를 파악해 내기 위한 것이다.

논리적으로 사고하고 사실관계를 구조적으로 파악하는 능력은 꾸준한 연습이 필요하다. 논리적으로 쓴 글을 읽어 보고 자신만의 생각을 논리적으로 적어 보면 이러한 능력을 기르는 데 도움이 된다. 실제 업무수행이나 과제수행을 통해서 터득하면 더욱 좋다. 위에서 제시한 5W1H와 SCQA를 염두에 두면서 하면 더욱 좋다. 문제 해결을 고민해 온 사람들이 자기들만의 노하우를 정리해서 쉽게 활용할 수 있도록 기법으로 만들어 둔 것들도 많이 있다. 이러한 다양한 기법들을 알고, 활용하면 훨씬 효율적으로 정리하고 구조화할 수 있다.

다양한 기법이 있다

　사실확인 등 현상분석을 위한 기법은 다양하게 있다. 문제 유형에 맞추어 적합한 특효약이 따로 있는 것은 아니다. 문제를 풀어가는 과정에서 더욱 효율적으로 생각하고 분석할 수 있는 기법을 찾아서 적용하거나 가장 적합하다고 생각하는 방안을 만들어 갈 수도 있다.

　현상분석은 일반적으로 외부 환경분석, 내부 역량분석, 방향(차이, 진단)분석으로 크게 나누어 볼 수 있다.

<그림 3-4> 현상분석 구분

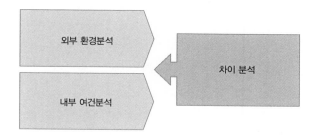

　외부환경 분석은 다시 거시환경에서부터 산업구조, 경쟁환경 등 과제의 범위에 따라 달라질 수 있다. 내부역량 분석은 사업, 재무에서부

터 제품, 고객대응, 인력 등 다양하게 나눌 수 있으며, 방향(차이)분석은 외부환경과 내부역량 분석에서 도출된 이슈들의 현재 위치를 확인하고 바람직한 방향이 어디인지를 분석해 보는 것이다. 적합도 분석이나 차이(Gap) 분석, 핵심요인(Key Factor) 도출을 위한 분석이 이에 해당한다.

이러한 분석기법들은 어떠한 자료와 데이터를 파악해야 하는지를 알 수 있게 해 주는 동시에 수집된 데이터와 자료들을 효율적으로 정리해서 쉽게 보여줄 수 있으므로 많이 활용된다. 그렇다고 기법이 모든 것을 해결하는 것은 아니다.

기법에 대한 세부적인 사항은 많은 전문서적이 있으므로 별도로 학습해서 활용하면 된다. 기법만을 정리해 둔 책으로는『경영전략 실천 매뉴얼』(이승주 지음, SIGMA INSIGHT),『경영전략 수립 방법론』(김영철, 서영우 공저, SIGMA INSIGHT) 등을 참고하면 된다.

기법 중에 너무 전문적인 것은 실제 적용을 하면서 상당 기간 연습이 필요한 것들도 있다. 여기에서는 문제 해결 역량 향상을 위해서 반드시 알고 있어야 할 수준의 기법을 중심으로 가장 기본적이면서도 바로 활용이 가능한 것들을 간략히 설명하기로 한다.

환경분석 시에 가장 흔하게 사용하는 방법으로 두 개의 독립적 조건을 제시하여 발생하는(또는 발생이 예상되는) 상황을 네 개 영역으로 정리하는 기법이 있다. 예를 들어서 환경분석 시에 활용하는 SWOT 분석을 보자. SWOT는 〈그림 3-5〉와 같이 강점과 약점, 기회요인과 위협요인을 네 개 영역으로 나누어서 파악하는 방법이다.

두 개의 독립조건을 내부, 외부 요인과 여건의 좋고 나쁨으로 나누어 본다. 내부요인과 외부요인을 Y축으로 놓고, 좋은 측면과 나쁜 측면을 X축으로 놓는다. 각 영역의 특징을 보면 내부의 좋은 측면은 강점(Strength), 내부의 나쁜 측면은 약점(Weakness), 외부의 좋은 측면은 기회(Opportunity), 외부의 나쁜 측면은 위협(Threat)이 되는 것이다.

<그림 3-5> SWOT

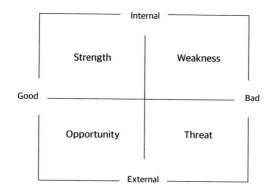

<그림 3-6>은 구글이 인터넷 검색엔진 분야에 처음 진입한 이후에 지속해서 경쟁력을 유지할 수 있을 것인가에 대한 전망을 위해서 구글 검색엔진에 대해 SWOT 분석을 시행한 사례이다.

강점은 구글 내부적으로 보유하고 있는 좋은 점인 탁월한 검색엔진 기술과 검색의 단순함이다. 반면에 약점은 구글의 내부여건이 검색엔진 시장에 새롭게 진입하려는 시도를 차단하기가 쉽지 않고, 검색 광고 시장이 포화상태여서 시장에서 검색엔진으로 수익을 창출하기 어려운 점이다. 기회 요인은 외부 환경 측면에서 좋은 점이 새로운 경쟁

자가 발생하더라도 제휴나 합병이 쉽고 인터넷 사용자도 늘어나고 있다는 것이다. 위협요인은 외부환경 측면에서 나쁜 점으로 강력한 경쟁자와 직접적 경쟁이 점차 많아지고 경쟁자들의 새로운 시도도 증가하고 있다는 것이다.

<그림 3-6> 구글 검색엔진에 관한 SWOT 사례

Strengths	Weaknesses
- 탁월한 검색엔진 기술(신속, 정확) - 브랜드 이미지 - 단순함(Just search)	- 낮은 진입장벽 - 낮은 전환비용 - 검색 광고시장의 성숙
Opportunities	Threats
- 합병 혹은 제휴 시도 - 검색 기술의 발전 - 인터넷 서핑의 증가	- 경쟁사와의 직접적 경쟁 격화 (컨텐츠, 서비스, 의사소통 tool) - 경쟁사의 새로운 OS 출시

보고서 작성 시에 많이 사용하는 매트릭스 방법도 유용한 환경분석 기법에 속한다. 가로와 세로의 축에 주요 요인들을 놓고 가로와 세로에 만나는 영역에 나타나는 현상을 나열하는 방법이다.

<그림 3-7>은 미래 트렌드 변화를 다섯 가지 측면으로 나누어서 가로축에 두고, 유망사업 분야와 기술적 이슈를 세로축으로 둔 표 형태이다. 관련된 자료 분석과 전문가 의견을 종합하여 가로와 세로축을 기준으로 정리하면 된다. 즉, 미래의 다섯 가지 트렌드를 가로축으로 두고, 유망사업과 기술이슈를 세로축으로 해서 매트릭스 형태로

정리하여 일목요연하게 볼 수 있게 하였다.

<그림 3-7> 매트릭스 사례

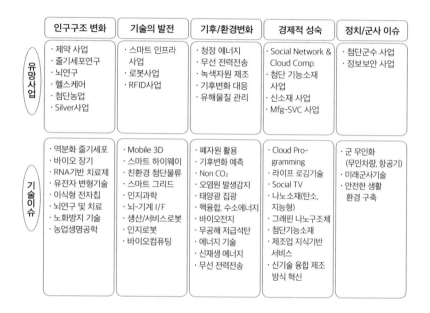

	인구구조 변화	기술의 발전	기후/환경변화	경제적 성숙	정치/군사 이슈
유망사업	· 제약 사업 · 줄기세포연구 · 뇌연구 · 헬스케어 · 첨단농업 · Silver사업	· 스마트 인프라 사업 · 로봇사업 · RFID사업	· 청정 에너지 · 무선 전력전송 · 녹색자원 제조 · 기후변화 대응 · 유해물질 관리	· Social Network & Cloud Comp. · 첨단 기능소재 사업 · 신소재 사업 · Mfg-SVC 사업	· 첨단군수 사업 · 정보보안 사업
기술이슈	· 역분화 줄기세포 · 바이오 장기 · RNA기반 치료제 · 유전자 변형기술 · 이식형 전자칩 · 뇌연구 및 치료 · 노화방지 기술 · 농업생명공학	· Mobile 3D · 스마트 하이웨이 · 친환경 첨단물류 · 스마트 그리드 · 인지과학 · 뇌-기계 I/F · 생산/서비스로봇 · 인지로봇 · 바이오컴퓨팅	· 폐자원 활용 · 기후변화 예측 · Non CO$_2$ · 오염원 발생감지 · 태양광 집광 · 핵융합, 수소에너지 · 바이오전지 · 무공해 저급석탄 · 에너지 기술 · 신재생 에너지 · 무선 전력전송	· Cloud Pro-gramming · 라이프 로깅기술 · Social TV · 나노소재(탄소, 지능형) · 그래핀 나노구조체 · 첨단기능소재 · 제조업 지식기반 서비스 · 신기술 융합 제조 방식 혁신	· 군 무인화 (무인차량, 항공기) · 미래군사기술 · 안전한 생활 환경 구축

STEEP 분석도 외부환경을 분석할 때에 자주 활용한다. 환경에 영향을 미치는 외부적 요인을 STEEP의 다섯 가지 측면(Social, Technological, Ecological, Economic, Political/Legal)에서 접근하여 분석하는 방법이다.

<그림 3-8>은 미래의 Mega Trend에 대하여 전문가 인터뷰와 관련 전문 리포트 및 서적을 종합하여 STEEP 기준으로 정리한 사례이다.

<그림 3-8> 미래 Trend에 대한 STEEP 분석 사례

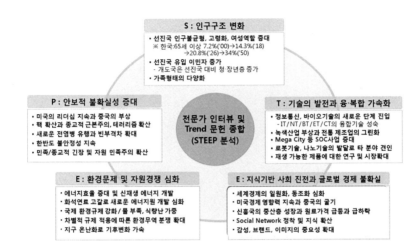

사회/문화적(Social) 측면에서는 인구통계, 사회 전반의 가치, 생활양식의 변화, 교육수준 등이 있으며, 기술/정보(Technological) 측면에서는 신기술, 특허, 연구개발 수준과 예산, 기술인력 양성 등을 살펴보는 것이다.

생태/환경적(Ecological) 측면에서는 천연자원, 기후변화, 환경규제, 재활용 등이 있으며, 경제적(Economic) 측면에서는 환율, 금리, 무역수지, 경기, 가계부채, 취업(실업)률, 가처분소득 등 미시·거시적 경제여건을 살펴보는 것이다.

또한, 정책·법규적(Political·Legal) 측면에서 산업구조조정, 규제의 정도와 변화, 정부의 정책성향, 여론, 법적 이슈 등을 분석하는 것이다.

내부역량 분석을 위해 많이 활용하는 기법으로는 프로세스나 절차를 정리하거나 비즈니스 시스템으로 연결된 현상을 정리하는 방법이 있다. 비즈니스 시스템을 보다 상세화해서 전략적으로 전개하는 가치사슬(Value Chain) 분석도 <그림 3-9>와 유사한 유형으로 접근하면 된다.

<그림 3-9> Business System 사례

PJT개발	입찰 및 수주	SPC 설립 및 운영	발전소 건설	발전소 운영
PJT 정보입수	수주 전략수립	인허가 진행	건설담당 회사 책임 명확화	운영담당 회사 책임 명확화
발주처 line-up	발주처 밀착관리	자금 조달		
PJT 발굴단계부터 지속 추진			주요 기자재 공급사 계약	

일반적으로 비즈니스 시스템은 기술, 디자인, 생산, 마케팅, 유통, 서비스 등을 기본요소로 해서 프로세스 단계별로 나타내주는 사슬(Chain) 형태로 표현한다. 여기에서는 발전소 건설, 운영의 비즈니스 시스템을 프로세스 단계로 나타낸 사례를 참고로 제시하였다.

내부역량 분석을 비롯한 다양한 용도에 흔히 사용하는 기법 중에 로직 트리(Logic Tree)가 있다. 팩트들의 연관성을 중심으로 해서 오른쪽에서 왼쪽 혹은 위에서 아래로 세부적으로 연결해 나가는 방식이다.

<그림 3-10>은 협업이 잘되지 않는 이유를 왼쪽에서 오른쪽으로

가는 로직 트리로 정리한 사례이다.

<그림 3-10> 로직 트리 사례

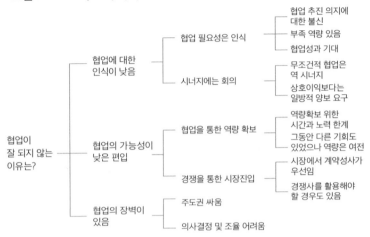

비즈니스 시스템이나 로직 트리를 활용해서 현상을 분석하면 논리적으로 전개가 가능할 뿐만 아니라 중복되지 않으면서 빠짐 없이 (MECE) 분석하고 있는지 확인할 수 있어서 많이 활용되는 기법이다.

이러한 분석기법들은 현상분석에서 나오는 데이터나 인터뷰, 브레인스토밍 내용 등 사실관계 확인을 위한 자료들을 유사한 것끼리 모아서 분류하고 정리하는 과정에서 효율적으로 활용할 수 있다.

방향분석 기법 중에서는 전략적 위치분석 기법에 대해서만 살펴보기로 한다. 산업 매력도를 X축, 사업경쟁력을 Y축으로 해서 각 사업의 전략적 위치를 분석하는 방법이다.

X축의 산업 매력도는 산업성숙도와 경쟁의 강도를 기준으로 산

업의 매력도를 정해 보는 것이다. Y축의 사업경쟁력은 핵심성공요인 (CSF, Critical Success Factor)의 보유 정도와 시장점유율을 기준으로 경쟁력 보유 여부를 살펴보는 것이다. 이러한 두 가지 측면에서 분석 대상 산업의 전략적 위치의 수준을 시각적으로 나타내 주어서 진출할 사업의 방향성이나 퇴출할 사업의 방향성을 잡는 기법으로 유용하게 활용할 수 있다.

〈그림 3-11〉은 미래에 진출하고자 하는 유망사업의 방향성을 정하기 위해서 전략적 위치분석을 시행한 사례이다. 미래에 현실화될 기술들을 사업경쟁력과 산업매력도 측면에서 어느 정도 위치에 있는지를 시각적으로 나타나도록 하고 있다. 미래 기술 중에서 그래프의 우측 상단에 위치한 것이 유망하다고 볼 수 있다.

〈그림 3-11〉 미래 유망사업 방향성 분석 사례

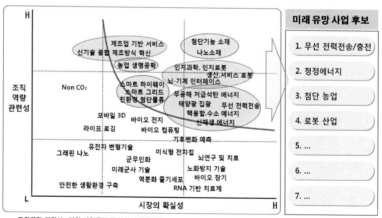

조직역량 관련성 : 기업 사업구조 및 산학연 연구역량
시장의 확실성 : 규모 확장 가능성, 지배적 경쟁자와의 표준, 디자인 설정 우위 가능성

사례에서는 표의 우측 상단에 있는 유망한 기술들을 활용해서 사업을 하면 어떠한 분야의 사업이 이에 해당하는 사업인지에 대해서도 우측에 별도로 제시해서 보여주고 있는 형태이다.

미래 유망사업으로 진출해야 할 방향성을 잡기 위해서 해당 기업의 사업경쟁력과 산업의 매력도를 기준으로 미래 유망기술을 먼저 정리하고 이를 기준으로 해서 미래 사업방향을 동시에 제시해 본 사례라 할 수 있다.

물론 사례에서 제시하고 있는 전략적 위치분석 결과가 절대적인 것은 아니다. 왜냐하면, 사업 경쟁력의 높고 낮음이나 산업 매력도의 정도를 정하는 척도가 정량화될 수 없기 때문이다. 또한, 정량화된 자료가 있다 하더라도 많은 전제와 가정이 있기 때문이다.

검토자인 업무수행자의 시각이나 관점, 속해 있는 기업이나 조직의 특성에 따라서 달라질 수 있다는 의미이다. 따라서 문제 해결을 하는 업무 수행자는 전제를 최소화하고 어느 일방의 의견에 치우침이 없도록 하는 균형감을 가질 필요가 있다.

〈그림 3-11〉과 같은 전략적 위치분석 기법은 X, Y축의 기준을 변경하고 표시(Dotting)할 내용을 특정 주제에 대한 이슈나 다른 자료를 활용하여 다양하게 활용하고 있다. 특히 현상분석에서 파악된 이슈 중에서 핵심이슈를 도출할 때에 많이 사용한다. 다양한 이슈를 두 가지 관점(X, Y축의 기준)에서 어느 정도 수준에 위치하는지를 파악해서 중요한 이슈를 걸러내는 핵심이슈 분석 기법으로 활용할 수도 있다.

팩트를 자료화하자

팩트를 중복되거나 빠짐없이 찾아내서 발생 상황이나 유형에 따라 정리를 하는 이유는 무엇일까? 현상분석을 제대로 하기 위해서이다. 현상분석은 문제점 즉, 바람직한 상태로 되는 것을 방해하는 장애물이나 이슈를 파악하기 위한 것이다.

『무한긍정의 덫』(가브리엘 외팅겐 지음, 이종인 옮김)에서는 '미래에 대해서 그저 꿈만 꾸면 그 꿈과 소망이 실현될 가능성은 낮아진다'는 연구조사 결과를 제시한다. 그에 대한 해결책으로 '긍정적인 꿈 꾸기에 약간의 현실 인식을 가미'하여 '사람들을 꿈꾸면서 동시에 행동하게 만들어야 한다'고 제안하고 있다.

『크고 작은 소원, 또는 시기적으로 좋기도 하고 나쁘기도 한 소원을 실현하는 방법은 장애물에 대한 생각을 피하고 그 소원에만 집중하는 것이 아니다. 오히려 그 소원과 장애를 잘 인식하고 그것을 연결시키는 것이다. 처음엔 소원, 그다음엔 현실인 것이다.』

『소원(Wish), 결과(Outcome), 장애물(Obstacle), 계획(Plan)의 앞글자를 따서 만든 우프(WOOP)는 먼저 간절히 소원하는 것을 정한 후, 그 결과를 떠올리고, 장애물이 뭔지 생각한 다음, 그것을 극복하는 계획을 세운다는 뜻이다.』

위의 인용문에서 '소원'을 '과제 혹은 문제'로 바꾸어서 읽어 보자. '장애', '장애물'을 팩트를 분석한 결과 도출되는 '이슈'로도 바꾸어 보기 바란다. 소원을 이루어가는 과정이나 문제 해결을 하는 과정이 다르지 않음을 알 수 있을 것이다.

팩트가 정리되었더라도 팩트에서 바로 시사점을 확인하고 문제를 일으키는 장애물이 무엇인지 알 수 있다면 다행이다. 팩트에서 직접적인 원인을 파악해내는 경우는 다소 직관적이어서 경험이 풍부하고 통찰력이 있는 해당 분야 전문가에게는 적합할 수 있다. 그렇지만 정말로 확실한 원인인지는 불명확하다.

더욱 확실하고 구체적인 원인을 파악하려면 팩트의 자료화가 필요하다. 팩트를 자료화하는 것은 팩트에 대한 실상을 파악하여 장애물 즉, 이슈가 무엇인지 구체적으로 파악하기 위한 것이다.

팩트의 자료화를 위해서는 팩트가 발생하는 사유나 팩트가 발생시키는 여러 가지 형상들을 다시 수집하여야 한다. 이러한 형상이 데이터 형태로 있으면 수집하기 편리하다. 수치화된 데이터로 있다면 금상첨화이다. 데이터화가 가능하다면 통계적 분석도 할 수 있다. 그렇지만 대부분의 형상은 수치화가 어렵고 데이터도 없는 경우가 많다.

데이터화를 하거나 수집하기 어려운 데이터를 확보하는 방법은 다양하다. 이미 모여 있는 데이터가 아니라 이해관계가 있는 모든 집단이나 구성물로부터 수집하여야 한다. 데이터 수집은 수집방법, 수집항목, 수집의 정도(수준), 수집된 데이터의 분석방법을 미리 계획하고 시작해야 한다.

수집항목은 팩트 정리 단계에서 데이터를 통해서 심층적으로 확인이 필요한 항목을 추출해야 한다. 모든 팩트를 빠짐없이 수집하고, 관련된 모든 사항을 전부 수집하는 것은 시간 낭비일 수 있기 때문이다. 수집 데이터의 수준도 마찬가지이다. 투입시간에 비해서 파악해 낼 수 있는 이슈가 많지 않거나 다른 항목에서 나타나는 이슈와 중복될 수 있다면 너무 깊이 있는 데이터를 수집할 필요는 없다. 데이터 만능의 생각은 버려야 한다.

수집방법은 관찰, 인터뷰, 설문 등이 있다. 전문가나 고객들의 의견을 수렴하는 VOC(Voice of Customer)는 고객의 성향이나 행동 관찰, 개별 인터뷰나 집단 인터뷰(FGI, Focus Group Interview) 방식, 그리고 설문조사를 통해서 할 수 있다.

인터뷰나 설문 방식에서 중요한 것은 인터뷰나 설문 대상을 집단의 대표성이 있도록 층별화해서 진행할 필요가 있다는 것과 질문지가 어떤 방향으로 답을 유도하지 않도록 중립적으로 작성되어야 한다는 것이다. 인터뷰는 가장 많이 사용하면서도 놓치기 쉬운 부분들이 많이 있다. 인터뷰에 대해서는 CHAPTER 2의 3에서 설명한 내용을 참고하기 바란다.

의견수렴은 인터뷰를 통해서 정성적인 방법으로 자료화할 수도 있으나 설문을 통해서 정량화시키는 방법도 있다. 인터뷰를 통한 자료는 유사하고 관련되는 것을 모아서 로직 트리 형태로 정리하면 된다. 설문을 통해 정량화해 둔 데이터는 비교분석을 포함해서 다양한 통계적 분석이 가능한 장점이 있다.

〈그림 3-12〉는 협업을 제고하는 방안을 연구하는 과제에서 협업

에 장벽이 어느 정도인지를 설문으로 파악한 사례이다. 설문을 통해 파악한 수치를 조직 내와 다른 기업의 평균, 즉 대외로 대비해서 살펴볼 수 있다. 또한, 조직 내에서도 젊은 계층(Junior)과 선임 계층(Senior)에서 어떠한 차이가 있는지를 확인해 볼 수 있게 정리되어 있다.

<그림 3-12> 협업장벽에 대한 설문결과 정리 사례

※ 총 40명 조사 (Senior 13명, Junior 23명), 점수가 높을수록 장벽 높음, 100점 측도

장벽	설문 문항		회사 종합 평균		대외 평균
			Senior	Junior	
NIH	1. 우리 부서 직원들은 도움이 필요한데도 외부 부서에 도움을 요청 하는 것을 꺼린다. 2. 우리 부서 직원들은 문제에 부딪혔을 때 외부의 도움을 구하지 않고 자기들끼리 해결하려고 노력한다. 3. 우리 부서에는 자신의 문제는 스스로 해결하고 소속 부서 외부의 도움에 의존해서는 안 된다는 생각이 널리 퍼져 있다.	123	123	124	160
독점	4. 우리 부서 직원들은 전문지식과 정보를 독점하고 다른 부서와 공유하는 것을 꺼린다. 5. 우리 부서 직원들은 타 부서를 돕는 것을 꺼린다. 6. 우리 부서 직원들은 외부인의 도움을 요청하는 전화나 이메일에 대해 거의 답을 하지 않는다.	74	83	65	100
검색	7. 우리 부서 직원들은 종종 필요한 정보와 전문지식을 가진 타부서 직원을 찾기가 어렵다는 고충을 토로한다. 8. 우리 기업 내의 전문가들을 찾기가 어렵다. 9. 우리 부서 직원들은 사내 데이터베이스와 지식관리시스템에서 필요한 문서와 정보를 찾는 데 많은 어려움을 겪는다.	143	144	142	135
이전	10. 우리 부서 직원들은 암묵적 지식을 타 부서로 이전하기 위한 효과적인 협업 방법을 알지 못한다. 11. 타 부서 직원들이 협업에 익숙하지 않고 어려워한다. 12. 우리 부서 직원들은 타부서에 복잡한 기술과 우수사례의 이전을 위한 협업을 어려워한다.	133	140	126	168

주) 설문문항은 '협업, 콜라보레이션(Morten T. Hansen 지음, 이장원 외 옮김)에서 인용   * NIH : Not-Invented-Here

학교에서 기본적인 통계학 과목을 수강해 두면 유리하다. 사회인이라면 엑셀 사용법을 빨리 습득하는 것이 좋다. 거의 모든 기업에서는 이러한 과정을 자체 개설하거나 수강 지원을 하는 추세이기도 하다.

기본적으로 분석을 하려면 평균과 중간값의 차이, 편차를 알아야 하는 이유, 이상 데이터를 제거할 것인지의 판단, 데이터의 시계열별

추이 정도는 알고 있어야 한다. 통계분석을 조금 더 하면 상관성, 인과성을 비롯한 좀 더 깊이 있는 분석도 가능하다.

여기에서는 통계분석에 대한 상세한 내용은 다루지 않기로 한다. 관심 있는 독자들은 관련된 책자를 참고하기 바란다. 이해하기 쉽게 정리된 통계 관련 전문서적들이 많이 있다. 저자가 재미있게 읽은 『통계를 알면 인생이 달라진다』(오오무라 히도시 지음, 자음과모음), 『벌거벗은 통계학』(찰스 윌런 지음, 책읽는수요일) 등을 추천한다.

유형에 따라 다르게 접근한다

팩트를 정리해서 데이터를 확보하고 나면 현상분석의 마지막 단계인 문제점(이슈)을 찾아내는 단계로 넘어간다. 바람직한 상태에 대비해서 현재의 상태에 차이가 발생하는 것을 문제라고 한다. 그러한 차이를 해소하여 바람직한 상태로 되는 것을 방해하는 장애물이나 이슈사항이 문제점이다. 이러한 장애물들을 찾아내서 정리하면 문제를 일으키는 원인이 무엇인지 구체적으로 알 수 있다.

장애물이나 이슈사항들을 더욱 쉽게 파악하기 위한 접근 방법론은 다양하다. 이러한 접근 방법론을 문제나 현상의 유형에 따라 적절하게 이용하면 문제 해결에 도움이 된다. 특히 이해관계자의 많고 적음, 문제를 유발하는 원인이 서로 모순되는지 정도를 기준으로 해서 분석하는 방법을 달리할 필요성이 있다. 물론 어떤 상황일 때는 어떤 접근 유형을 택해야 한다는 공식이 있는 것은 아니다. 분석하고자 하는 문제점과 제시하고자 하는 결과물의 특성에 따라서 분석접근법을 선택하면 된다.

현상분석에서 나오는 자료들을 분류해 보면 내용이 유사한 것도 있지만 상반되거나 모순되는 것들도 나타난다. 유사한 카테고리로 분류되는 것만 있으면 다행이지만 대부분은 그렇지 않다. 자료들이 관련되는 이해관계자들도 소수인 경우도 있지만 다수인 경우도 있다. 사물이나 설비의 경우에도 한 개의 문제가 여러 사물이나 설비에 연결되어 발생하는 경우와 그렇지 않은 경우가 있다.

〈그림 3-13〉에서 세로축을 이해관계자의 많고 적음으로 두고, 가로축을 문제의 원인이 모순 혹은 상반되는 정도로 보고 생각해 보자.

이해관계자가 적고 문제의 원인이 복잡하지 않다면 굳이 복잡한 분석기법을 동원할 필요가 없다. 직관적으로 알 수 있기 때문이다. 〈그림 3-13〉의 좌측 하단에 해당하는 유형이다. 예를 들어서 야외로 피크닉을 가기 위해 날짜와 장소, 종목(등산, 낚시, 줄다리기 등)을 정하는 정도의 수준이다.

〈그림 3-13〉 상황분석 유형

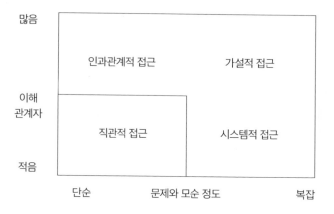

누구나 직관적으로 문제점을 파악하고 대비책까지 포함한 계획을 세울 수 있을 것이다. 경우에 따라서는 먼저 경험(연구)한 사례를 찾아보면 된다. 필요하면 문헌 조사나 벤치마킹을 해야 한다. 물론 경험이 많은 사람에게는 단순하게 여기는 문제의 범위가 더 넓을 수도 있다. 직관적으로 해결할 수 있는 범위는 누가 문제를 맡느냐에 따라 달라질 수 있다. 해당 분야에 전문성과 경험이 많을수록 직관적으로 접근할 수 있는 범위도 넓어지게 된다.

이해관계자의 많고 적음에 관계없이 문제가 되는 원인이 복잡하여, 모순되거나 상반되는 것이 많다면 〈그림 3-13〉의 좌측 상단에 해당하는 유형이다. 인과관계적으로 분석해 보아야 한다. 인과관계라는 말이 어렵다면 구조적으로 접근하는 형태를 생각하면 된다. 원인과 결과 혹은 상호 연관성이 어느 정도인지를 파악해서 분류하고 공통점과 차이점을 찾아내는 것이다. 주요 분석 기법으로는 3C, 5Forces, 4P 등이 있다.

3C는 사업전략 수립을 위한 현상 분석 시에 주로 사용하는 방법으로 관점을 본인의 회사(Company), 경쟁사(Competitor), 고객(Customer) 측면에서 접근해서 분석하는 것이다.

자신의 회사와 경쟁사 관점에서는 시장점유율, 기술과 품질의 수준, 마케팅의 강점과 약점, 원가경쟁력, 브랜드 파워 등을 분석해서 경쟁우위 정도를 보아야 한다. 고객 관점에서는 시장의 규모, 성장전망, 고객 계층별 니즈, 시장의 구조적 변화 가능성 등을 분석해서 고객의 가치향상에 얼마나 이바지하는지를 보는 것이다.

본인의 회사는 경쟁사와 대비해서 경쟁우위가 어느 부분에 있으며 고객의 가치를 어떻게 증진해 줄 수 있는지를 구조적으로 분석해서 시각적으로 나타내어 주는 방법이다.

<그림 3-14> 사업전략 수립을 위한 3C

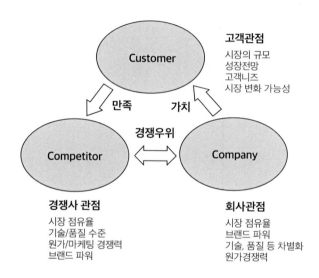

<그림 3-14>에서 고객, 경쟁사, 회사의 세 측면을 수행과제에서 나타나는 중요한 세 가지 관점이나 요인으로 바꾸어서 적용하면 3C 접근모델은 다양한 분석 방법으로 활용될 수 있다.

5Forces는 마이클 포터(Michael Porter)가 고안한 산업구조 분석모델이다. 다섯 개의 경쟁세력 관점에서 산업구조를 분석하여 경영전략을 수립하는 데 참고하는 기법이다.

<그림 3-15> A 산업에 대한 5Forces 사례

Entry Barrier
A산업은 기반 인프라 산업임
규모의 경제 높음
진입장벽이 높은 사업
막대한 투자 부담이 존재

Supplier Power
원자재 의존 비중이 큼
원자재 가격 변동에 따른
제품 수익구조 변동이 큼
공급사의 가격 결정력 높음

Industry Rivalry
산업의 성숙기 진입
고정비가 높아 설비가동률 중요
경쟁력 강화를 위해 설비신예화 및
원가 경쟁력 중요
A산업의 대형화, 글로벌화 지속

Buyer Power
수요자들이 가격변동에 민감함
대체재를 통해 가격하향 유도함
A사 제품에 대한 Loyalty 낮음
글로벌 경쟁을 하고 있음

Threat of Substitutes
유리, 플라스틱 등 대체재가
많이 개발되고, 유사한 원가로
진입하고 있는 상태
대체재가 부분적으로 시장 잠식하는
상태 가속

〈그림 3-15〉는 A 산업에 대해 산업구조를 분석한 것으로써 다섯 개의 경쟁세력인 진입자(Entry Barrier), 공급자(Supplier), 고객(Buyer), 대체재(Substitutes), 산업 내 경쟁자(Rivalry) 관점에서 구조적으로 살펴본 사례이다. 본인의 회사를 경쟁사와 대비해서 경쟁우위가 어느 정도이며 고객의 가치를 어떻게 증진해 줄 수 있는지를 구조적으로 분석해서 나타내 주는 방법이다.

4P는 마케팅 믹스라고도 한다. 마케팅 전략을 수립하기 위해 현상을 분석할 때 주로 사용한다. 제품(Product), 가격(Pricing), 판매촉진(Promotion), 유통(Place) 측면에서 분석하는 것이다. 최근에는 마케팅의 역할이 고객의 가치를 높여주는 해결책을 제공해 주고 있느냐는 관점을 추가하여야 한다는 주장이 제기되어 4P에 가치를 추가하여 다

섯 개 측면에서 분석하는 방법이 널리 활용되고 있다. 누락되지 않고 중복됨 없이(MECE) 살펴보기 위해서 환경의 변화에 따라 분석기법도 진화하고 있음을 알 수 있다.

인과관계적 혹은 구조적으로 현상분석을 하는 방법은 다양하게 많이 있다. 여기에서는 좀 더 쉽게 이해하기 위해서 흔히 활용하는 몇 가지 방법론을 예로 들어 보았다.

〈그림 3-13〉의 우측 하단의 유형도 있다. 상반되거나 모순되는 원인이 비교적 적은 편이지만 관련되는 사항들이 복잡하게 얽혀 있어서 쉽게 설명할 수 없는 경우이다. 이러한 유형은 시스템적으로 현상분석을 하면 좋다.

시스템적이라는 의미는 다양하나 여기에서는 업무 흐름이나 가치사슬(Value Chain)로 이해하여도 무난하다. 가치사슬은 문제파악 기법에서 설명한 〈그림 3-9〉를 참고하면 이해가 될 것이다. 가치사슬에 해당하는 곳에 업무절차를 넣고 흐름의 순서에 따라서 과정과 결과가 어떻게 연결되며 어떠한 이슈들이 있는지 살펴보면 시스템 전반에 걸쳐서 빠짐없이(MECE) 현상을 분석할 수 있다.

마지막으로 〈그림 3-13〉의 우측 상단에 해당하는 유형이 있다. 대부분의 난제나 미래의 불확실한 상황에 대응한 전략수립 등이 여기에 해당한다. 이해관계자도 다양하고 원인(변수)이 복잡하고 불확실하며 상반되거나 모순되어 원인이 있는지조차 애매한 경우이다. 앞의 세 가지 유형에 해당하는 분석기법들을 총동원해도 명확해지지 않는 경우이다. 이럴 때 가설적 검증이나 시나리오 플래닝 등도 해 볼 필요가 있다.

가설적 검증은 다양한 분석을 먼저 해서 도출되는 이슈들을 종합한다. 그리고 실제 발생할 것으로(혹은 발생하지 않을 것으로) 예상하는 가설을 세운다. 가설을 제대로 세우는 것이 중요하므로 가설 설정을 위해서 다양한 상황분석이 필요하다. 가설이 세워지면 조건이나 여건을 통제하면서 실험(Pilot Test)을 해서 가설이 맞는지를 확인해 보는 것이다.

<그림 3-16> 커뮤니케이션에 대한 가설 설정 사례

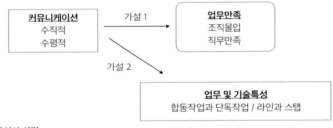

연구모형

커뮤니케이션
수직적
수평적

가설 1 →

업무만족
조직몰입
직무만족

가설 2

업무 및 기술특성
합동작업과 단독작업 / 라인과 스탭

가설의 설정

○ 가설 1 : 커뮤니케이션(수직적, 수평적) 정도는 조직몰입과 직무만족에 영향을 미칠 것이다.
○ 가설 2 : 커뮤니케이션 정도는 업무 및 기술특성에 영향을 받을 것이다.

기술적인 사항이면 가설에서 주어진 조건을 설정해서 실험하면 된다. 필요하면 실험설비를 만들어서 테스트해 볼 수도 있다. 물론 예산에 대한 고려도 필요하다. 기술이나 설비와 관련된 것이 아닌 경우에는 설문과 인터뷰를 통한 통계적 조사분석을 실행하여야 한다. 연구모형에 따라 통제된 방식에 따라 가설을 설정하고, 설문이나 인터뷰를 통해 수집된 데이터를 기반으로 한 통계적 분석을 하여 가설의 성립 여부를 검증하는 방법이 원칙적이다.

커뮤니케이션 정도가 업무 만족에 영향을 미치는지와 업무특성에 따라 영향을 받는지에 대해서 가설을 설정한 사례를 살펴보면 〈그림 3-16〉과 같다. 가설 두 개를 검증할 수 있는 설문을 만들고 설문대상을 분류해서 설문하면 된다. 설문결과를 토대로 통계적 분석을 하면 가설이 성립되는지를 확인할 수 있을 것이다.

위와 같은 가설 설정 사례는 학술적 연구에서 많이 활용되지만, 실제 업무수행 실무에서는 시간적 제약과 결론의 활용 가능성 측면에서 많이 활용되지는 않는다.

〈그림 3-17〉 협업에 대한 질문 제시 사례

협업인식	1. 협업의 시너지 창출에 대한 생각은? "협업 프리미엄에 대해 고려하고 있는지"
협업가능성	2. 관련 회사는 협업을 반드시 하여야 하는가? "대외 경쟁력이 없다면 협업을 어떻게 하여야…"
협업장벽	3. 협업이 원활하지 않다면 그 이유는? "협업에 총론 찬성하고 각론으로는 반대 아닌지"

실제로는 가설에 해당하는 질문을 제시하고 이에 대한 원인과 대안을 모색해 가는 형태의 접근이 일반적이라고 보면 된다. 협업에 대한 과제를 수행하면서 질문을 제시한 사례를 들어보면 〈그림 3-17〉과 같다.

다음으로 쉘(Shell)의 시나리오 플래닝(Scenario Planning)이 있다. 1970년대 원유수급에 전혀 문제가 없던 시기에 쉘은 시나리오 플래닝을 통해 '원유공급이 중단된다면'이라는 시나리오를 세워서 대비하였다. 실제 석유파동이 일어나자 중위권 업체에서 상위권 업체로 도약하게 된다.

시나리오 플래닝은 먼저 트렌드(Trends) 분석을 통해서 다양한 변화 동인(Drives)을 찾아내어야 한다. 〈그림 3-18〉에서는 STEEP 분석을 기반으로 다양한 동인을 찾아내는 형태로 표시되어 있다. STEEP 분석 방법과 사례는 〈그림 3-8〉을 참고하기 바란다. 변화 동인 도출은 반드시 STEEP에 의해서만 하는 것은 아니다. 상황에 맞는 방법론을 활용하여 파악하면 된다.

〈그림 3-18〉 중요 불확실 요인 도출 및 시나리오 유형 분류

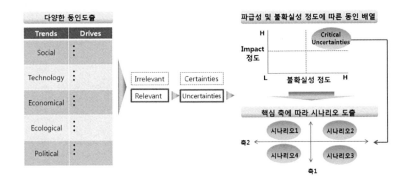

다양한 변화 동인들이 도출되면 변화 동인들의 성격을 주제와 관련성이 있는(Relevant) 것과 없는 것으로 구분하는 것이 그림의 중간에

표시한 부분이다. 동시에 확실히 발생하는 것과 불확실한 것(Uncertainty)으로 분류하면 된다.

다음 단계는 관련성이 있으면서 불확실한 변화요인들을 불확실성 정도와 파급도(발생 시 영향도) 측면에서 분석하여 중요한 불확실 요인을 찾아내는 것이다. 불확실성이 높고 발생 시에 파급도가 높은 요인들(Critical Uncertainties)이 표시되는 우측 상단 부분의 영역에 속하는 원인을 분류해내는 과정이다.

중요한 불확실 요인(Critical Uncertainties)을 도출한 다음에는 이러한 불확실에 영향을 미치는 두 가지 관점을 정하여야 한다. 두 가지 관점이 다음 단계의 축1과 축2의 기준이 된다. 〈그림 3-18〉 우측 하단의 축1과 축2의 기준에 따라 중요한 불확실 요인이 4분면의 어느 영역에 속하는지 표시(Dotting)하여 넣고, 네 개의 유형을 정리해서 살펴본다. 유형이 정리되고 나면 유형별로 구분해서 상황에 맞는 네 개의 시나리오를 세워서 대응하는 것이다.

간략하게 소개한 것이므로 전문적인 시나리오 플래닝은 관련 서적을 참고하기 바란다. 지멘스의 전략개발법을 소개한 『트렌드와 시나리오』(울프 필칸 지음, 리더스북)를 읽어보면 도움이 된다. 특히 트렌드 분석과 미래에 대한 전략 시나리오 수립에 관심이 있다면 반드시 읽어보길 권한다.

현상분석 : 사실을 바탕으로(Fact-based) 한다. 중복되지 않으면서도 전체를 포괄하도록 구조화한다. MECE 하게 하는 것이 원칙이다.

* MECE(Mutually Exclusive and Collectively Exhaustive)

중립적 관점 : 팩트의 조사에서부터 문제를 보는 시각, 관점, 프레임이 어디에 있는지를 분명히 한다. 팩트를 조사할 때에는 열린 마음으로 중립적 관점에서 접근하고, 경청하여야 한다.

논리적 구조화 : 팩트를 논리적으로 구조화해서 현상 분석하는 방법 중에서 5W1H와 SCQA로 접근하는 것이 편리하다.

<5W1H>

1) 무엇이 문제인가?(What)

2) 문제가 어디에 있는가?(Where)

3) 문제가 언제 있는가?(When)

4) 문제가 누구에게 있는가?(Who, 사람이 아니면 Which)

5) 왜 문제가 있는가?(Why)

6) 어떤 경우에 문제가 있는가?(How, 빈도는 How many(much))

<SCQA>

Situation, Complication, Question, Answer 단계로 구조화,

SC는 What & Why 단계, QA는 How & So What 단계

다양한 기법 : 현상분석은 외부환경 및 내부 여건 분석과 차이 분석 등이 있다. 상황에 맞는 기법을 활용하면 효율적이다.

* SWOT, 매트릭스, STEEP, Business System, Logic Tree, 위치분석

팩트의 자료화 : 팩트를 자료화하는 것은 실상을 파악하여 문제를 유발하는 이슈가 무엇인지 구체적으로 파악하기 위한 것이다. 자료화를 위해 수집방법, 수집항목, 수집의 정도(수준), 수집된 데이터의 분석방법을 구상하여 실시한다.

현상분석의 유형 : 이해관계자의 많고 적음과 문제를 유발하는 원인이 서로 모순되는지 정도를 기준으로 해서 분석 유형을 달리하는 것이 좋다.
* 직관적 접근 : 경험의 다소에 따라 범위가 달라짐
* 인과관계적 접근 : 3C, 5Forces, 4P
* 시스템적 접근 : Value Chain
* 가설적 접근 : 가설 검증, 질문 제시, Scenario Planning

3. 주요 원인을 제시하자

　　　　　　　　업무수행 시에 문제를 해결하는 단계를
다시 한 번 정리하면 <그림 3-19>와 같이 나타낼 수 있다. 첫 번째 단
계가 문제의 목적과 취지, 배경을 구체화하는 것이다. 해결해야 할 주
제의 대상과 범위를 명확히 하고 문제 제기자가 요구하는 기대치를
정리하는 것이다.

<그림 3-19> 문제 해결의 단계

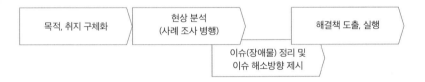

　두 번째는 현상을 분석하는 단계이다. 사실을 바탕으로(Fact-based)
해서 있어야 할 바람직한 상태와 현재의 상태 간에 차이를 발생시키
는 장애물이나 사유를 파악하는 것이다. 현상분석 시에 사례조사
를 통해서 시사점을 찾아보면 더욱 좋다. 세 번째는 이슈가 되는 장
애물을 해소하기 위해서 조치해야 할 해결책을 도출해서 실행하는
단계이다.
　두 번째 현상분석 단계에서 세 번째 해결책 도출 단계로 넘어가기

전에 현상분석에서 찾아낸 이슈(장애물과 사유)를 정리할 필요가 있다. 현상분석에서 제기된 이슈들이 제대로 종합, 정리되어야 해결책을 찾아서 대책을 수립해야 하는 대상이 분명해지기 때문이다.

이처럼 현상분석에서 제시된 장애물 혹은 이슈사항 중에서 중요한 요인을 정리하고, 이슈사항들의 해소를 위한 해결방향을 제시해야 해결책 도출 단계로 넘어갈 수 있다. 또한, 제시된 방향대로 해결하면 현상분석에서 제시된 이슈 혹은 장애물을 제거할 수 있는지 사전에 검증해 보는 과정이기도 하다. 제대로 된 원인을 기준으로 해결책을 찾아야 하기 때문이다.

【김부장과 최과장 EPISODE 8】

14:00 PM, 교통 데이터 제공 전문 'T-DATA' 본사 사무실

최과장 : 현상분석에서 많은 이슈가 도출되었습니다. 생각보다 많은 문제점이 있었네요. 모든 것을 프로젝트 기간에 다 해결하기는 쉽지 않아 보입니다.

김부장 : 일단 도출된 문제점에 대한 원인을 잘 파악하고 정리하는 작업이 필요해. 그리고 문제점과 원인에 대해 중요도를 부여하고 중요한 원인부터 해결하도록 계획을 세워보자고.

최과장 : 중요도를 부과하는 데에는 역시 현업부서 베테랑 사원들의 도움이 필요할 것 같습니다. 가능한 많은 관련자가 서로 충분히 토의해서 중요도를 선정할 수 있도록 하겠습니다.

김부장 : 전문가의 조언도 중요하니 박차장에게도 많은 도움을 받도록 하게. 긴급성과 중요도를 기준으로 우선순위를 정하면 될 거야.

최과장 : 박차장님께 글로벌 선도기업에 유사한 사례가 있는지 그리고 벤치마킹이 가능한지도 물어보겠습니다.

김부장 : 기존에 좋은 사례가 있다면 참고로 하는 것이 좋지. 그럼 잘 부탁하네.

핵심원인에 집중한다

현상분석에서 나타나는 모든 이슈를 완벽하게 제거하겠다는 것은 욕심일 수도 있다. 해결에 들어가는 시간과 비용, 자원 등에 대한 고려가 필요하기 때문이다. 넘어가도 되는 사소한 문제를 해결하기 위해 막대한 비용이 들어간다면 해결할 것인지, 참고 넘어갈 것인지에 대해 생각해 볼 필요가 있다.

현상분석에서 제기된 이슈나 원인에 대해 100% 완벽하게 해결방안을 마련할 것인지 아니면 주요한 것에 대해서만 해결하여도 문제 제기자의 기대치에 부합하는지 혹은 합리적 수준의 문제 해결이 될 것으로 판단되는지 먼저 확인할 필요가 있다. 핵심원인에 집중해야 낭비를 줄일 수 있다.

주요 원인들만 골라내는 방법으로 데이터가 있는 경우에는 빈도나 확률 등을 활용한 통계적 방법을 사용하는 것이 가장 좋다. 그렇지만 통계적 분석이 가능한 데이터가 없거나 데이터가 있더라도 통계적 방법만으로 확신이 가지 않으면 전문가들의 의견을 모아서 신탁(델파이)으로 결정하는 방법이 있다.

전문가들의 인사이트(통찰력)는 통계적 분석에서 알 수 없는 혜안을 가지고 있는 경우도 많이 있기 때문이다. 일반적으로 많이 활용하는 방법에 Matrix Assessment, Multi Voting 등이 있다.

Matrix Assessment는 실현 가능성과 도입 효과를 기준으로 해서 실현 가능성이 높고 개선 시 효과가 높은 것을 중심으로 해결해야 할 대상을 정하는 방법이다.

<그림 3-20>에서 Ⅰ 영역에 해당하는 원인이 해결대상이 된다. 실현 가능성은 낮으나 실행 시 효과는 높을 것으로 예상하는 영역은 좀 더 고민해야 하는 고려대상이 된다. 실현 가능성의 높고 낮음에 관계없이 효과가 낮은 것은 해결대상이 되는 원인에서 제외하고 문제를 풀어나가면 된다.

<그림 3-20> Matrix Assessment

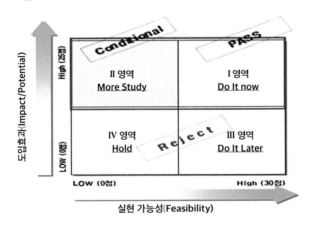

<그림 3-21>은 현장 설비에서 발생한 이상 원인을 조업 조건에서 찾아내기 위해서 잠재적 원인을 도출하고, 잠재적 원인 중에서 근본

적 해결이 필요한 핵심원인이 무엇인지에 대해 전문가의 의견을 모으기 위해서 Multi Voting을 실시한 사례이다.

Multi Voting은 Voting 척도를 균등하게 할 수도 있으나 선정해야 할 것을 분명하게 하려고 척도의 편차를 달리하는 것이 일반적이다. <그림 3-21>은 원인일 가능성이 큰 것을 9점, 보통을 3점, 약한 것을 1점으로 하여 실시한 사례이다.

<그림 3-21> Multi Voting

잠재적 원인		데이터 유무	전문가 평가					채택 여부
			A	B	C	D	계	
조업 조건	연속 사용 횟수	O	9	9	9	9	36	선정
	설비 온도 상승시간	O	9	9	9	9	36	선정
	상부 설비 사용비	O	9	3	3	3	18	고려
	하부 설비 사용비	O	3	3	3	9	18	고려
	상하부 연결 사용시간	O	1	1	3	3	8	제외
	조업시간 비율	O	9	9	9	9	36	선정
	마지막 온도	O	3	9	9	9	30	고려
	체류시간	O	3	9	9	3	24	고려
	보온시간	O	9	9	9	9	36	선정
	설비가 비어 있는 시간	O	3	1	1	3	8	제외

* Multi Voting 척도: 1 약함, 3 보통, 9 강함
35점 이상(검증대상 선정), 15점 이상(검증대상 고려), 15점 미만(검증대상 제외)

통계적 방법에 따라서 주요 원인을 찾아내는 방법 대신에 <그림 3-21>과 같이 전문가나 이해관계자에 의한 델파이적 방법으로 주요 원인을 선정하고 이를 대상으로 해결방안을 마련할 수도 있다. 물론 주요 원인으로 파악된 잠재적 원인 전체에 대해서 해결방안을 마련할 수도 있다. 그러나 너무 많은 원인이 도출되면 해결책을 찾아서 실행

하는데 어려움이 수반된다. 시간적 제약과 비용도 고려해야 하기 때문이다.

그래서 중요도의 정도가 분류된 이후에 일반적으로 상위 20% 정도에 대해서만 해결책을 마련하여 실행하게 된다. '파레토의 법칙'을 따르는 것이다. 파레토 법칙은 이탈리아 경제학자 파레토가 주장한 것으로 기업매출의 80%는 20%의 제품에서 나오고, 국가 부(富)의 80%는 인구의 20%에서 나온다는 8 : 2의 법칙이다.

파레토 법칙을 적용할 때에도 나머지 80%에 대한 관심을 완전히 버려서는 곤란하다. 때에 따라서는 중대한 리스크(위험) 요인이 숨어 있을 수도 있기 때문이다. 역(逆) 파레토 법칙이나 BOP(Bottom of Pyramid) 이론도 있기 때문이다.

역(逆) 파레토 법칙은 흔히 롱테일(Long Tail) 법칙이라고 한다. 롱테일 법칙은 80%의 사소한 다수가 20%의 핵심 소수보다 뛰어난 가치를 창출할 수도 있다는 이론이다. 예를 들어서 인터넷이 발전하면서 처음에는 잘 팔리지 않던 책들이 온라인을 통해서 꾸준하게 긴 꼬리를 그리면서 오랜 기간 팔리는 경우가 있다. 꾸준한 매출로 인해 인기 서적에 못지않게 매출을 올리게 되는 현상을 일컫는다.

BOP는 피라미드의 밑바닥, 즉 소득계층의 최하위에 속하는 연간 소득 3,000달러 미만의 소득층을 뜻한다. 지금 비록 소비하는 주된 계층은 아니더라도 전 세계 인구의 70%를 차지하는 저소득층이 경제의 발전으로 중간소득 계층으로 성장할 가능성이 커지고 있으므로 BOP를 대상으로 하는 사업에 주도적으로 뛰어들어야 한다는 논리이다. 비록 피라미드의 밑바닥에 있다 하더라도 잠재적인 소비시장 크기가 5조 달러에 이른다는 사실을 전제로 하고 있다.

　해결해야 할 이슈를 놓치지 않기 위해서 현상분석에서 도출된 이슈들을 정리해서 상위 20%에 해당하는 핵심 원인을 먼저 정리하고, 제외된 것 중에서 경험이 풍부한 전문가들이 제기하는 원인이 제외되어 있는지 확인해서 추가하는 방법을 고려해야 하는 이유이다. 핵심 원인 도출은 정량적 방법과 정성적 방법을 병행해서 할 필요가 있다.

우선순위를 고려하자

문제를 일으키는 핵심적 원인을 찾아내었다 하더라도 모든 원인의 영향이나 파급 정도가 같은 것은 아니다. 당연히 영향력이 큰 원인부터 해결하여야 할 것이다. 긁어서 부스럼이라는 말이 있다. 사소한 원인은 덮어두는 것이 좋을 수도 있다. 그렇지만 사소한 것이 큰 문제가 되어서는 곤란하다. Risk가 Crisis가 되는 것은 막아야 한다.

핵심 원인도 우선순위를 정할 수 있다. 업무의 우선순위를 정하는 방법을 활용하면 된다. 긴급성과 중요도를 기준으로 해서 네 개 영역으로 나누어 보면 〈그림 3-22〉에서 보는 바와 같이 중요하고 긴급한 원인(장애물)에 대해 먼저 해결책을 마련해야 함을 알 수 있다.

〈그림 3-22〉 업무의 우선순위

긴급성 높음	중요하지 않으나 긴급한 업무	중요하고 긴급한 업무
	-	긴급하지 않으나 중요한 업무
	낮음 **중요도**	높음

중요하지도 않고 긴급하지도 않다면 군이 해결하기 위한 대책을 수립하지 않아도 된다. 중요하지 않으나 긴급한 장애물도 제거되어야 한다. 반면에 긴급하지 않으나 중요한 장애물은 핵심원인으로 분류되지 않을 가능성이 있다. 우선순위는 낮을 수 있으나 반드시 해결해야만 한다. 그렇지 않으면 조만간 또 다른 큰 문제를 일으킬 것이기 때문이다.

사회생활을 하면서 업무를 수행하다 보면 많은 과제를 맡아서 동시다발적으로 하게 된다. 때에 따라서는 한 개 과제 안에서도 해결해야 할 이슈들이 여러 개 있는 경우도 있다. 대부분은 긴급한 일부터 먼저 할 수밖에 없다. 그렇게 해서는 제대로 문제를 해결하고 있다고 할 수 없을 것이다.

만약 지금 그러한 상황에 처해 있다면 악순환의 고리를 끊어야만 한다. 어떠한 방법을 사용해서든 긴급하지 않으나 중요한 업무들을 테이블 위에 올려놓고 처리해 두어야 한다. 그것이 곧 차별화이다. 발생할 수 있는 Risk를 사전에 연구해서 해결방안을 마련해 두어야 한다는 것이다.

현안을 잘 처리하는 것은 기본이다. 현안은 아닌 것 같지만, 만약 문제가 발생한다면 중요한 이슈가 되는 문제도 있다. 이를 예상하여 처리한다면 어떻게 될까? 보다 경쟁력이 생길 것이다. 다만 현안도 해결 못 하면서 예상 리스크에 대해서만 다루고 있다면 곤란하다. 현안 이슈에 적절하게 대응해 가면서 미래에 발생할 중요한 이슈에 대해서도 해결책을 수립해 나가는 것이 문제 해결의 순서이다.

사례에서 시사점을 찾는다

현상분석에서 나오는 원인을 제거하는 것과 아울러서 사례를 찾아볼 필요도 있다. 사례에서는 현상분석에서 찾아내기 어려운 이슈들을 확인할 수 있다. 예를 들어서 다른 회사에서 비슷한 사례가 있다면 왜 그러한 사례를 실행하였는지, 실행과정에서의 어려웠던 점이 무엇이었으며 현재 제대로 작동되고 있는지를 알아보면 유용한 시사점을 찾을 수 있다.

좋은 사례를 찾아보는 것을 벤치마킹(Benchmarking)이라고 한다. 경쟁사의 Best Practice에서 배운다는 것이다. 그렇다고 복제나 모방은 아니다. 좋은 사례의 장단점을 분석해서 시사점을 얻고 더 나은 방법을 찾아내서 적용하자는 것이다.

벤치마킹으로 시장의 경쟁력을 회복한 사례는 제록스와 GE가 있다. 제록스는 복사기 시장의 최강자였으나 1900년대 후반 캐논의 등장으로 시장점유율이 하락하게 되었다. 이러한 상황에서 경쟁사의 제품을 시간, 비용 등 생산성과 품질 측면에서 벤치마킹하고 이를 통해 경쟁력을 회복하게 된다. 제록스의 성공에 자극받은 GE도 벤치마킹을 경영기법으로 도입하게 되면서 혁신적 문제 해결의 기법으로 활용하게 된다.

이제 벤치마킹은 좋은 사례(Best Practice)뿐만 아니라 나쁜 사례(Worst Practice)에서도 시사점을 찾는다. 또한, 경쟁사뿐만 아니라 전혀 다른 업종이나 협조적 관계에 있는 회사에 대한 벤치마킹도 이루어진다. 특히 이업종(異業種) 벤치마킹을 통해서 전혀 새로운 시각의 접근과 한 차원 다른 아이디어를 찾아내기도 한다.

GE는 GE 스토어를 통해서 GE 내의 다른 업종 간에 벤치마킹이 원활히 일어나도록 유도하고 있다. 이를 통해 융복합과 새로운 비즈니스 모델까지도 만들어내는 것이다. 예를 들면 헬스케어 사업에서 개발해서 활용 중인 영상진단 기술을 파이프라인이나 오일과 가스 설비의 점검에 활용하고 있다. 업종이 다른 분야의 기술을 서로가 벤치마킹해서 적극적으로 활용하도록 유도하고 활발하게 믹스 앤 매치(Mix & Match)가 일어나도록 하는 것이다.

벤치마킹도 이슈사항을 해결하기 위한 목적이 구체적이어야 한다. 특정 회사가 잘하고 있으니 그냥 벤치마킹이나 해보자는 것은 쓸모가 없다. 벤치마킹을 위한 벤치마킹이 되면 곤란하다. 벤치마킹을 할 때도 무엇을 위한 벤치마킹이며 벤치마킹에서 나오는 시사점은 어떤 문제를 해결하는 데 활용할 것이라는 목적이 분명해야만 한다. 그래야만 벤치마킹 시에 궁금한 사항이 구체화되고 사례에서의 성공이나 실패 요인 중에서 핵심적 사항(CSFs, Critical Success Factors)을 조사, 분석해 낼 수 있기 때문이다.

벤치마킹의 절차는 〈그림 3-23〉에서 보는 바와 같이 일반적으로 네 단계로 이루어진다. 먼저 첫 번째 단계에서 왜 벤치마킹을 실시하는지에 대한 목적을 구체화하여야 한다. 그리고 그 목적에 부합하는 벤치마킹 대상을 조사하고 확인해서 벤치마킹 실시에 대한 협조를 구하는 것이 시작 단계이다.

벤치마킹의 대상이 정해지고 내용과 일정에 대한 협의가 완료되면 두 번째 단계인 필요 정보와 데이터를 조사하고 확보하는 본격적인 사례조사 활동을 하게 된다.

사례조사 결과 확보된 자료를 바탕으로 시사점을 도출하는 분석단계가 세 번째 단계이다. 시사점 분석은 어떠한 요인이 성과의 차이를 나게 하는지에 대한 내용과 그 차이를 유발하는 근본적 원인 즉 동인이 무엇인지를 파악하는 것이다. 시사점을 파악하는 이유는 해결하고자 하는 과제에 솔루션으로 제시하고 적용해 나가기 위해서이다.

<그림 3-23> 벤치마킹의 4단계 절차

1단계	2단계	3단계	4단계
벤치마킹의 목적 및 대상 구체화	정보, 데이터 수집 (질의, 방문 병행)	수집자료 정리 시사점 도출	시사점 종합, 정리 해결책으로 전환

문제 해결을 위한 현상분석에서도 반드시 벤치마킹을 통한 사례분석을 실행하여 시사점을 확보할 필요가 있다. 자체 현상분석만으로 알아내기 어려운 시사점을 사례분석을 통해서 파악할 수 있고 한층 더 좋은 인사이트를 얻을 수 있기 때문이다.

사례는 꼭 유사사례만을 고집할 필요는 없다. 해결책을 얻기 위한 통찰력을 제공할 수 있는 사례라면 실패사례이든 규모나 업종이 다른 회사의 사례이든 상관이 없다.

사례에서 도출된 시사점도 현상분석의 이슈와 마찬가지로 핵심적 사항들을 정리해야 한다. 현상분석에서 나온 이슈와 중복되는 것과 새로운 것들을 분류하고, 새로운 것 중에서 핵심적인 시사점은 별도로 제시하여야 한다.

사례분석에서 나온 주요 시사점과 현상분석에서 나온 핵심이슈들을 묶어서 제시하면 해결해야 할 장애물이 구체화되는 것이다.

벤치마킹 결과에 관한 정리 사례는 이 책의 뒷부분에 있는 '실무 적용 사례' 중에서 신사업 진출에 성공한 회사와 실패한 회사에 대한 벤치마킹 사례를 참고하기 바란다.

주요 원인 제시 : 주요 원인 정리는 현상분석 단계에서 해결책 제시 단계로 가기 전에 현상분석에서 도출된 이슈(장애물)를 정리하여 해결책의 방향을 잡기 위한 것이다.

핵심원인 : 통계적 분석 혹은 전문가에 의한 신탁(델파이)으로 주요 원인을 도출 → 주요 원인 중에서 핵심 20%만을 선정 → 나머지 80% 중에서 잠재적으로 핵심화 가능성 원인 추가
* 전문가에 의한 방법 : Matrix Assessment, Multi Voting

우선순위 : 긴급성과 중요도를 기준으로 결정하되, 긴급하지 않으나 중요한 원인도 대상에 포함할 필요가 있다.

사례조사(벤치마킹) : 벤치마킹은 4단계로 실시한다. 결과는 시사점으로 정리해서 해결책으로 전환할 수 있어야 한다.
① 벤치마킹의 목적 및 대상 구체화
② 정보, 데이터 수집(인터뷰, 방문 병행)
③ 수집자료 정리, 시사점 도출
④ 시사점 종합, 해결책으로 전환

PART 2

해결책의 바다에서

1. 해결책을 찾아서

현상분석에서 도출된 이슈들과 사례의 시사점을 종합, 정리해서 해결책을 마련해야 할 대상들을 다시 분류하는 과정이 해결의 출발점이다. 출발점을 조금만 잘못 잡아도 화살은 과녁을 향하지 못하게 된다.

사실관계를 바탕으로 한 현상분석과 사례에 대한 벤치마킹을 통해서 파악된 이슈들을 종합하면 문제의 발생원인이 도출된다. 발생원인 중에서 핵심(Critical)이 되는 원인을 해결해야 할 중요 이슈 혹은 근본원인 등으로 표현한다.

이러한 핵심원인을 해결해야 할 대상으로 변환해서 생각해 보면 해결대상, 해결방향 혹은 해결영역 등으로 나타낼 수 있다. 업무개선 과제를 수행하고 있다면 개선대상, 개선방향 혹은 개선영역이 된다. 이러한 과정을 모형으로 정리하면 〈그림 3-24〉와 같다. 실제 사례는 CHAPTER 2의 〈그림 2-10〉 사례와 본서 뒷부분의 '실무 적용사례'를 참고하기 바란다.

해결책을 찾는 과정은 개선대상이나 개선방향에 대해서 적합한 해결방안이나 대안을 모색하는 것이 시작이다. 해결해야 할 대상별로 적합한 솔루션을 제시하기 위해서는 다양하고 참신한 아이디어를 찾아내야 한다.

해결책 혹은 해결방안은 질문에 대한 대답이라는 측면에서 Answer이다. 이 외에도 Solution, Settlement, Best Alternative 등이 있다. Change Management(변화관리), Troubleshooting(고장 수리, 분쟁 조정)도 해결방안에 포함된다.

<그림 3-24> 핵심원인과 해결방향 정리 모형

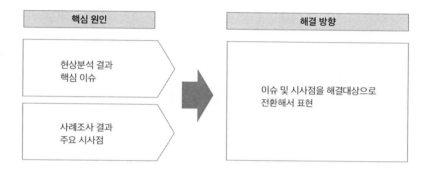

【김부장과 최과장 EPISODE 9】

14:00 PM, 교통 데이터 제공 전문 'T-DATA' 본사 회의실

최과장 : D-ANAL사에서 최근에 프로젝트를 수행한 글로벌 기업 'L'사가 저희와 유사한 점이 많아서 벤치마킹 대상으로 삼았습니다. 역시 전문 업체와 일을 하니 이런 정보에 접근이 쉽네요.

김부장 : 응. 벤치마킹 사례도 참조하고 사내의 이해관계자들로부터도 많은 정보를 얻은 것 같네. 모두들 적극적으로 도와준 덕분이지.

최과장 : 다들 복잡한 문제 해결을 위해 아이디어 회의를 하고 브레인스토밍을 해 본 경험이 많지 않았지만 처음 해 봐서 신선하고 재미있었다는 반응이었습니다. 그리고 향후 업무 수행 시 적용 가능할 것 같다고 좋아들 했습니다.

김부장 : 함께 일하는 D-ANAL사에 전문가가 많이 있으니 우리가 보고 배우는 것도 많고 우리도 적극적으로 대응해 준 것 같아 D-ANAL사도 무척 만족하는 눈치야.

최과장 : 예, 박차장님도 이렇게 이해관계자들이 적극적이고 협업 부서인 저희가 가운데에서 역할을 잘해준다며 만족해하고 있습니다.

김부장 : 이제 구체적 해결책이 곧 나오겠군. 기대가 크네. 끝까지 수고 좀 해 주게.

최과장 : 네, 부장님!

아이디어를 구한다

아이디어를 찾는 방법은 혼자서 하는 방법과 여러 사람이 함께하는 방법이 있다. 혼자서 하는 방법에는 저자가 명명한 '뭉게구름 연상법'을 비롯해서 '마인드 매핑' 등 창의적 사고를 위한 기법들을 활용하면 된다. 현상분석 시에 사용했던 방법들이 대부분 그대로 적용된다. 전문가 인터뷰, 이해관계자 FGI(Focus Group Interview) 등도 하여야 한다.

첫 번째 방법으로 권장하고 싶은 뭉게구름 연상법은 앞의 PART 1(사실확인은 논리적으로)에서 목적과 취지를 분명히 파악할 수 없을 때 활용하는 방법으로 소개한 바 있다.

먼저 혼자서 생각해 본다. 무조건 떠오르는 단어를 백지에 적어 본다. 많이 적은 다음에는 유사한 것끼리 모아서 정리하고 다시 생각하면서 떠오르는 단어를 적는 과정을 반복한다. 관련 지식이 부족해서 생각이 떠오르지 않는다면 전문서적이나 리포트를 찾아서 읽으면서 적어 본다. 선배나 동료, 이 분야에 정통한 사람들을 찾아가서 의견을 들으면서 적어 본다. 〈그림 3-1〉을 참고하기 바란다. 실제 해결책을 찾기가 막막한 경우에 활용하면 더욱 좋다.

자신만의 고민이 있다면 한번 실행해 보자. 반드시 해결방안이 나오게 되어 있다. 관중이 쓴『관자』에 '사지사지(思之思之) 귀신통지(鬼神通知)'라는 말이 있다. '생각하고 또 생각하면 귀신과 통해서 알게 된다'라는 뜻이다. 밤낮없이 골똘하게 생각하면 신의 경지에 이를 수 있다는 것이다.

　아이디어를 구하는 두 번째 방법은 솔루션을 이해관계자로부터 찾는 것이다. 솔루션으로 정리되지는 않았으나 해결을 위한 다양한 아이디어들이 과제의 의뢰자 혹은 이해관계자에게 이미 있는 경우가 많기 때문이다. 다만, 이해관계자 본인은 자신에게 솔루션이 이미 있는지를 모르고 있는 경우가 많다. 이러한 경우에 코칭 기법을 적용하면 된다.

　코칭은 잘 듣고 잘 질문해서 스스로 문제 해결을 하도록 만들어주는 것이다. 이를 위해 우선 상대방이 마음을 열 수 있도록 라포(Rapport)를 형성한다. 다음은 상대방이 하는 이야기를 잘 들어주고, 상대방이 이야기하고 싶어 하는 맥락을 짚어가면서 같이 호흡을 맞추어 주고 추임새를 곁들여 주어서 사실관계를 충분히 설명하도록 해 준다. 그러면서 동시에 이해관계자 스스로 무엇이, 왜 이슈가 되는지를 생각하도록 하는 유도성 질문을 해주면 된다.

<그림 3-25> 코칭을 활용한 해결책 찾기

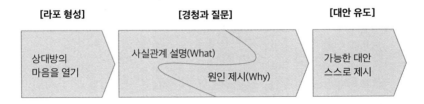

문제의 직접적 이해관계자들은 <그림 3-25>의 경청과 질문 단계 및 대안 유도를 하는 단계 사이에서 혼란스러운 상황이 발생하는 경우가 많이 있다. 왜냐하면, 이슈 제시와 해결책이 섞여서 혼란스럽게 설명하는 경우가 많기 때문이다. 이럴 때 당사자가 설명하고자 하는 요지를, 듣는 사람의 입장에서 다른 표현으로 정리하면서 의미를 구체화해 나가야 한다. 동시에 지속해서 관심을 나타내어 논리적으로 어떠한 것이 원인이고 무엇이 대안인지를 함께 토론하듯이 풀어나가면 된다. 그렇게 하면 단순한 불만 표출에 그치지 않고 실질적인 이슈와 그에 대한 해결책에 대해 본인 자신도 생각하지 못했던 대안을 제시하게 된다. 이러한 이해관계자의 대안들을 모아서 종합하고, 다시 한 번 이해관계자들에게 의견을 듣는 활동을 반복하면 실현 가능한 해결책이 나오는 경우가 많이 있다.

　세 번째로는 여러 사람이 함께 아이디어를 도출하는 대표적인 방법으로 브레인스토밍(Brain Storming)이 있다. 브레인스토밍은 집단토의의 일종으로 특정한 문제나 주제에 대하여 두뇌에서 폭풍이 몰아치듯 생각나는 아이디어를 가능한 한 많이 제기하도록 하는 방법이다. 많이 알려진 방법이기는 하나 실질적으로 활용하는 경우는 많지 않아 아쉬움이 있다.

　효과적으로 활용하기 위해서는 많은 아이디어가 폭풍처럼 쏟아져 나오도록 분위기를 만드는 것이 제일 중요하다. 이러한 분위기를 조성하기 위해서는 퍼실리테이터의 역할이 중요하며, 참가자들이 브레인스토밍 원칙을 알고 이를 지킬 필요가 있다. 브레인스토밍 원칙은 일반적으로 알려져 있기는 하지만 상황에 맞게 조정해서 정할 필요도 있다.

【브레인스토밍 원칙】

  1) 다른 사람의 아이디어는 비판하지 않는다. 판단은 뒤로 미룬다.

  2) 자유분방한 분위기에서 이상한 의견을 환영하며, 시간제한을
     둔다.

  3) 아이디어의 수는 많을수록 좋다. 즉, 질보다 양을 추구한다.

  4) 모든 아이디어를 참가자들이 볼 수 있도록 기록한다. 포스트잇
     을 활용하면 좋다.

  5) 다른 사람의 아이디어에서 연상된 아이디어를 환영한다.

브레인스토밍이 모든 문제에 적합한 것은 아니다. 브레인스토밍을 활용하면 효율적인 유형이 따로 있다. 문제의 범위가 너무 넓지 않아야 하고 참석자들이 쉽고 부담 없이 접근할 수 있는 문제이면서 그 문제에 대하여 어느 정도 알고 있어야 한다. 그러함에도 해결책에 대한 아이디어가 도출되지 않는다면 참가자들이 적정한지 살펴보아야 한다. 자유로운 아이디어 제시를 방해하는 누군가가 있을 수도 있기 때문이다.

집단의 창의력을 높이는 브레인스토밍의 원칙에 대해서는 반론도 있다. 특히 비판을 금지하는 원칙에 대신해서 '서로의 아이디어에 관해 논쟁하고 비판도 불사해야 함'을 강조하는 때도 있다. 조나 레러가 지은 『이매진』에서는 심리학자 네메스의 연구결과를 소개하고 있다.

『비판하지 말라는 지침은 흔히 브레인스토밍에서 가장 중요한 것으로 언급되지만, 이는 반생산적인 전략인 것 같다. 우리의 연구 결과는 논쟁과 비판이 아이디어를 억제하기는커녕 다른 어떤 조건보다도 아이디어를 촉진한다는 사실을 보여준다.』

이러한 연구결과나 실무에서의 경험을 바탕으로 생각해 보면 브레인스토밍 원칙 중에서 첫 번째인 비판을 하지 않는다는 원칙은 경우에 따라서 유연하게 적용할 필요가 있다. 토의 주제와 참석자의 전문성 정도에 따라서 다른 사람의 아이디어에 대해 비판을 하지 말 것인지 아니면 논쟁을 허용할 것인지를 생각해서 브레인스토밍을 실행할 필요가 있다.

네 번째 방법은 다양한 관점에서 살펴보는 것이다. 혼자서 하든 여러 사람이 같이하든 아이디어를 찾아내기 위해서는 다양한 시각에서 생각해 보아야 한다. 다양한 시각에서 여러 가지 모순된 상황을 가정해서 아이디어를 도출해 내는 방법의 하나로 트리즈(TRIZ)가 있다. 트리즈를 전반적으로 이해하고 적용하는 것은 많은 시간과 경험이 필요하다. 여기에서는 창의적 사고를 촉진해주는 기본 원리만 설명한다. 더 상세한 내용을 알고 싶은 독자들은 관련 전문서적을 참고하기 바란다.

먼저 일반적으로 활용하는 트리즈식 생각 방법이다. 나누고 쪼개 보자, 중요한 것만 남겨둬라, 전체 중 부분만 바꿔 보자, 짝짝이로 만들자, 별개의 것을 합쳐 보자, 하나를 다양하게 사용할 수 있게 만들어 보자, 보험처럼 예방하자, 상대방에게 쉽도록 환경을 바꾸자, 계속

하는 것을 그만두자, 계속하게 만들어 보자, 불리한 것을 유리하게 전환해 보자, 알아차리게 하자, 직접 하지 않고 도움을 받자, 저절로 되게 하자, 대체할 수 있는 것을 찾아보자, 없애거나 다시 살려내자, 활성화하거나 안정화하자 등이 있다.

다음으로 기술분야나 생산 공장에서 활용하면 좋은 트리즈식 생각 방법이다. 형태를 구형이나 곡선으로 바꾸자, 움직이게 해보자, 더 많거나 적게 바꾸자, 공간에 변화를 주자, 진동을 이용하자, 빠르게 하자, 한번 쓰고 버려보자, 시스템을 다른 것으로 대체하자, 기압과 수압을 이용하자, 얇고 유연한 막, 필름을 활용하자, 구멍이나 틈을 이용하거나 만들자, 색이나 투명도를 바꾸자, 똑같게 만들자, 열팽창 현상을 이용하자, 균일한 재료를 복합재료로 바꾸자, 속성을 변화시키거나 상태 변화를 이용하자 등이 있다.

궁하면 통한다(궁즉통, 窮卽通)는 말이 있다. 현재의 결핍을 있는 그대로 받아들이고 그 바탕 위에서 현실을 벗어나기 위해 변화를 꾀하기 위한 아이디어를 짜내어서 변화를 실행하면 반드시 통하게 된다는 의미이다. 『주역』에 나오는 '궁즉변 변즉통 통즉구(窮卽變 變卽通 通卽久)'에서 유래한 말이다. '궁하면 변해야 하고, 변하면 통하게 되고, 통하면 오래간다'라는 뜻이다.

모순된 현실, 역설적 현상, 그리고 도저히 벗어날 수 없을 것 같은 상태에서 현재 상황을 탈피하기 위해서 부득이하게 취해야 할 방안을 찾아보자. 그것은 현재의 관점, 우리의 관점이 아니라 미래의 관점, 다른 분야의 관점에서 새롭게 진단을 하고 대처하는 수밖에 없다.

서로 다른 원리, 같이 있을 수 없을 것 같은 원칙이 있더라도 조화를 이루게 하여야 한다. 하이브리드적 사고라고도 한다. 예를 들어서 치열하게 경쟁하되 서로 화목하게 일할 수 있게 만드는 분위기를 만드는 프로젝트를 생각해 보면 된다.

이런 유형의 과제는 많이 있다. 주인은 아니지만 주인의식을 가지고 업무에 임할 수 있도록 하는 방안을 만드는 것, 자동으로 작동되지만, 상황에 따라서는 수동으로 작동되게 되어 있는 것도 하이브리드적 해결 방식에 속한다. 모순되고 상대적인 현실을 현명하게 대처하기 위한 하이브리드적 해결은 트렌드라고 보아도 된다.

묘약은 없으나 불가능도 없다

난제라는 것이 있다. 특히 수학의 난제는 천재들이 수십 년간 몰두하여도 답이 나오지 않는 것이다. 그렇지만 답이 없는 것은 아니고, 어려울수록 풀고 나면 더욱 보람될 것이다. 그래서 많은 천재가 난제에 도전장을 던지는 것이다. 직장이나 사회에서도 난제들이 수두룩하다. 이러한 난제는 큰 비용을 필요로 하고 집중적으로 역량을 투입하여야 하는 과제들이 대부분이다.

첫 번째로는 단계적으로 접근할 수 있는지 살펴보자. 예를 들어서 공장지대와 도시지역이 접하는 지역에 어느 정도의 높이가 있는 구릉을 만들고 나무를 심는 프로젝트가 있다고 하자. 문제는 소요비용이 5,000억 원대여서 도저히 엄두를 낼 수가 없다. 예산 확보가 어려우므로 수행할 수 없는 과제라고 할 수도 있다. 그렇지만 5단계로 나누어서 10년에 걸쳐서 시행한다면 가능할 것이다. 1년에 50억 원이 소요된다. 예산이 부족하면 시민참여 운동을 통해서 기금조성을 할 수도 있다. 뜻이 있으면 길이 있다.

두 번째 방법은 발상의 전환이다. 공장지대에서 나오는 부산물들을 활용해 보면 된다. 환경에 영향을 미치지 않는 부산물들이 많이 있다. 공장에서는 비용을 부담하면서 처리하거나 싼 가격에 외부로 내보내는 것들이 있을 것이다. 이러한 것들을 모아서 구릉을 만든다면 어렵지 않게 만들 수 있을지도 모른다. 물론 환경영향과 관련 법규에 대해서는 사전에 점검이 필요할 것이다.

공장 준공 행사를 앞두었는데 주변이 너무 삭막하다. 주변 일대를 녹지로 조성하면 좋겠는데 비용이 만만치 않고, 곧바로 확장공사에 들어가므로 영구적으로 녹지를 조성하는 것도 맞지 않는다. 어떻게 하면 좋을까? 가장 빨리 나서 자라는 꽃이나 작물 씨앗을 뿌려두면 1주일 이내에 푸르게 된다. 특히 보리를 뿌려두면 초록빛이 잔디 같아서 멀리서 보면 좋다. 본 사례는 국내 P사나 H사 등에서 실제 적용했던 사례로 회자하고 있다.

제갈량이 거문고를 타서 사마의를 도망가게 했다는 삼국지의 일화도 있다. 촉나라의 제갈량이 양평에 군대를 주둔시켜 두고 있을 때의 이야기이다. 제갈량의 주력 병력이 식량 수송과 조조의 군대를 공격하기 위해 출병하여 양평에는 소수의 병력만 남아 있었다. 이러한 상황에서 조조의 대도독인 사마의가 정예병력 십 수만을 이끌고 제갈량이 있는 성으로 진군하고 있었다. 제갈량은 성문을 열고 성문 입구와 길을 청소하여 사마의를 환영하는 것처럼 보이게 하였다. 그러면서 제갈량은 성의 누각에 올라 악기를 연주하면서 사마의를 기다렸다. 사마의가 공격한다면 제갈량의 패전이 불가피한 상황이었지만 사마의는 매복이 있을 것을 두려워해서 침공하지 못하였다. 역발상을 한 것이다.

세 번째 방법은 다른 분야의 전문가나 경험을 활용하는 것이다.

뉴턴은 "내가 더 멀리 볼 수 있었다면, 그것은 거인의 어깨에 서 있을 수 있었기 때문이다"라고 말했다. 풀기 힘든 숙제가 발생하면 거인(Giants)을 활용해야 한다. 다른 업종이나 다른 분야에서 유사한 유형의 과제들에 어떻게 접근하고 고민하였는지 알아보면 된다. 뜻밖에 쉽게 해결했을지도 모른다.

유사한 방법으로는 다른 분야의 전문가들이 서로 모여서 협업(Collaboration)하는 것이다. 협업이 어렵다면 다른 분야의 전문가들을 찾아다니면서 의견을 물어보면 된다. 수행하는 사람들이 선각자(Guru)를 두루 방문하여 배움을 청하는 과정과 유사하다.

때에 따라서는 해당 분야의 전문가가 아닌 아웃사이더들, 혹은 다른 분야의 전문가지만 과제의 해당 분야에는 문외한이어서 아마추어 내지는 경계에 있는 사람으로 분류되는 자유분방한 생각의 소유자들로부터 조언을 얻는 경우도 있다. 1990년대 후반 제약회사 엘리릴리의 부사장 앨피어스 빙엄이 개설한 웹사이트 '이노센티브(InnoCentive)' 사례를 조나 레러는 『이매진』에서 다음과 같이 소개하고 있다.

『회사의 가장 어려운 과학적 문제들을 온라인으로 공지하고 그 난제마다 금전적 보상을 첨부하는 것이다. 문제 해결에 성공한 사람은 보상을 받았다. 그 돈이 이노센티브의 자극적인 부분이었다. (중략) 몇 주가 흘렀다. 이노센티브 사이트에는 거의 정적이 흘렀고 빙엄은 그의 시범 프로젝트가 실패했다고 생각했다.

하지만 그때, 아무 결과도 없이 한 달이 지난 뒤, 한 건의 해답이 제출됐다. 그리고 또 한 건, 그리고 또 한 건. "답들이 마구 쏟아져 들어오기 시작했습니다. 우리에게 이 굉장한 아이디어를 준 사람들은 우리가 한 번도 들어 본 적이 없는 연구자들이었습니다. 그들은 우리가 한 번도 생각해 보지 않은 각도에서 문제를 추적했어요. 그 창의성은 한 마디로 깜짝 놀랄 만한 것이었지요."』

『이것이 얼마나 신기한 일인지 생각해 보라. 생면부지의 사람들로 이루어진 어느 이질적 정보망이 엘리릴리, 크래프트, SAP, 다우케미컬, 제너럴일렉트릭과 같은 연구 예산이 수십억 달러인 포춘 500대 기업이 풀지 못한 난제들을 어떻게든 풀었다는 말이다. (중략) 온라인의 아마추어들이 노련한 과학자들을 좌절시킨 문제에 답할 수 있었던 이유가 보였던 것이다.

비밀은 아웃사이더의 사고였다. 이노센티브의 문제 해결사들은 자기 분야의 주변부에서 문제를 풀 때 가장 효과적이었다. (중략) 기술적인 문제는 전문 지식을 가진 사람들만 풀 수 있다고 가정한다. 하지만 그 가정은 옳지 않다. 어느 영역의 안쪽에 깊이 들어가 있는 사람들은 일종의 지적 장애에 시달린다. 그 결과, 불가능한 문제는 끝까지 불가능하다. 동기 유발된 아웃사이더와 난제를 공유한 뒤에야 비로소 해답을 찾을 수 있다.』

문제의 정답은 없어도 본질은 있다

학교에서는 답이 있는 문제를 푼다. 하나의 답을 찾아서 정해진 답을 제시하여야 한다. 정해진 규칙에 따라서 반복적인 연습을 하는 것이 공부의 과정이다. 그렇지만 실제 사회생활에서 접하는 과제들은 반드시 그렇지 않다. 답이 정해져 있지 않다. 심지어 여러 개의 답이 있을 수도 있다. 우리가 직장이나 사회에서 접하는 문제는 여러 가지 대안을 찾아서 상황에 맞게 실행하여 최선의 상황을 만들어 내거나 혹은 최악의 상황을 회피하는 것이 해결이다.

'답이 없어!'라고 한숨을 쉬어 본 적이 있을 것이다. 진퇴양난의 상황에서 해결책을 찾아보자. 정답은 없을지 모르나 많은 차선책(Best Alternatives)이 있다는 것을 염두에 두자. 정답이 없을 때 세 가지 측면으로 접근해 보면 좋은 대안이 나올 수도 있다.

첫 번째는 문제를 보는 시각 즉 가치관을 바꾸어 보는 것이다. 상대방의 입장이 되어서 생각하는 것이다.

두 번째는 현상을 분석하는 관점이나 차원을 달리해 보는 것이다. 보고 싶은 것만 보고 듣고 싶은 것만 듣고 있으면 문제 해결이 어렵다. 새로운 시각을 가지기 위해서 관점을 바꾸어서 접근해 보는 것이다.

세 번째는 규칙이나 원칙, 당연하다고 받아들이고 있는 신념에 의문을 가져보는 것이다. 허상을 보고 있을 수도 있기 때문이다. 혹시 우상이나 성역(聖域)이 있다면 허물어야 한다. 그러면 문제의 본질이 드러나기 시작한다.

시각이나 관점이 달라지면 해결방안도 달라진다. 관점에 따라서 여러 개의 답이 나올 수도 있다. 다르다는 것이지 틀렸다는 것이 아니다. 같은 문제더라도 해결방안은 다를 수 있다. 해결책을 실행하는 주체가 누구이며, 해결의 대상이 무엇이냐에 따라 달라질 수 있다.

문제 해결은 절대적 진리를 찾아가는 종교적 고행이 아니다. 문제가 발생한 상황과 이해관계자들의 요구와 기대수준에 따라 달라지는 상대적인 과정이다. 정답을 찾아야 한다는 강박이나 절대불변의 해결책을 제시하겠다는 사명감은 내려놓자.

문제의 허상을 걷어내면 본질을 볼 수 있다. 물건에 대한 문제는 그 물건의 본성, 사업에 대한 문제는 그 사업의 특성, 인간관계에 대한 문제는 인간의 본성을 보아야 한다. 본질이 무엇이냐에 따라서 문제점도 달라지고 해결책도 달라진다.

모두 꿈을 가지고 있을 것이다. 큰 꿈도 있고 작은 꿈도 있다. 큰 꿈을 이루는 경우는 드물다. 작은 꿈도 이루어지면 다행이다. 많은 노력을 하더라도 목표로 했던 꿈의 근처까지 가는 것으로 만족한다. 삶을 살아가다 보면 본인에게 최선인 방향으로 나가는 경우는 극히 드물고, 차선이나 다른 대안으로 방향을 선회하게 된다는 의미이다. 최선책으로만 살아갈 수 있다면 좋겠지만, 차선책으로 살아가더라도 나름 괜찮은 삶을 살 수 있다는 것이다.

그래서 어떤 사람은 꿈을 크고 높게 설정하고 최선을 다해서 살아가다 보면 큰 꿈 근처에 도달할 수 있다고 주장하기도 한다. 문제를 해결할 때도 비슷한 논리가 적용될 수 있다. 해결방안의 목표는 될 수 있으면 높게 잡고 최선을 다해 실행하다 보면 많은 이슈가 해결되고, 그러한 것들이 모여서 전체적인 해결이 된다.

다만 어쩌다 보니 해결이 되었다고 한다면 곤란하다. 해결책을 마련할 때에 최선책을 실행할 것인지 여러 개의 차선책을 실행할 것인지에 대한 판단이 필요하다. 이해관계가 단순할수록 최선책을 실행할 수 있고, 이해관계가 복잡하고 상충할수록 차선책을 활용하는 것이 좋다.

조조가 적벽대전에서 패하여 도주하는 길에 부하들이 "길은 좁고 새벽 비로 인한 진흙으로 말굽이 빠져나갈 수 없다"고 하자 조조는 "산을 만나면 길을 만들고, 물을 만나면 다리를 놓아라(蓬山開道 봉산개도, 遇水架橋 우수가교). 진흙 구덩이를 만났다고 행군을 안 할 수는 없다. 흙을 나르고 섶을 깔아 구덩이를 메우고 행군하라"고 명령했다. 조조의 '봉산개도 우수가교'는 절체절명의 위기에서 문제점을 정면으로 돌파하여 해결해 나가는 방책에 해당한다. 최선책을 써야만 하는 것이다. 대안이 없기 때문이다.

똑같이 산과 물을 만나도 조건이 다르고 다른 대안이 있는 경우도 있다. 처한 상황에 따라서 대응책 역시 다르다. 현재의 여건에 따라서 해결책도 달라져야 한다는 것이다. 어떠한 희생을 감수하고서라도 최선책을 실행해야 하는지 아니면 차선책을 찾아서 실행하여야 하는지 신중할 필요가 있다. 특히 많은 이해관계자와의 관계를 중시하면서 해결해가야 하는 문제는 차선책을 심각하게 고려할 필요가 있다.

해결방향 제시 : 사실관계를 바탕으로 한 현상분석과 사례를 벤치마킹한 결과로 파악된 시사점을 종합해 본다. 종합 정리한 내용을 해결대상의 관점으로 전환하여 제시한다.

아이디어 도출방법
① 뭉게구름 연상법
② 이해관계자로부터 도출 : 코칭 기법을 활용
③ 브레인스토밍
④ 다양한 관점 : 트리즈적 접근, 궁즉통, 하이브리드적 해결

<브레인스토밍 원칙>
1) 다른 사람의 아이디어는 될 수 있으면 비판하지 않는다.
* 토의 주제와 참석자의 전문성 정도에 따라서 다른 사람의 아이디어에 대해 비판을 하지 말 것인지 아니면 논쟁을 허용할 것인지를 유연하게 결정한다.
2) 자유분방한 분위기에서 이상한 의견을 환영한다.
3) 아이디어의 수는 많을수록 좋다.
4) 모든 아이디어를 참가자들이 볼 수 있도록 기록한다.
5) 다른 사람의 아이디어에서 연상된 아이디어를 환영한다.

묘약 탐색 : 단계적 접근 > 발상의 전환 > 다른 분야의 전문가와 협업도 필요('이노센티브' 적인 문제 해결 접근도 필요)

대안적 접근
① 문제를 보는 시각, 가치관을 상대방이나 이해관계자의 입장에서 생각한다.
② 현상을 분석하는 관점이나 차원을 다르게 하면 어떻게 되는지 확인해 본다.
③ 규칙이나 원칙, 당연하다고 받아들인 것들이 무엇이며, 이것들에 의문을 가져 본다. 그러면 본질이 보인다.

2. 해결책 선정하기

현상분석 단계에서 도출된 이슈, 즉 문제를 일으키는 원인이나 장애물을 제거하기 위해서 다양한 아이디어를 찾은 다음 단계는 아이디어를 정리하고 실제 실행하여 적용할 해결책을 선정하는 것이다.

문제 해결 과정은 이처럼 여러 가지 의견을 도출한 다음에 핵심적인(Critical) 내용을 정리하는 과정이 단계별로 반복되는 것에 유의할 필요가 있다. 따라서 단계별로 의견을 모으는 과정과 의견 중에서 핵심적인 사항을 추출하는 과정에서 사용되는 기법은 유사하다.

이해관계자의 의견, 전문가의 의견, 우수사례에서의 시사점 등에서 나온 아이디어는 때에 따라서 너무 단편적인 경우도 있고, 복잡하거나 상호 모순되기도 한다. 이러한 아이디어를 실행할 수 있도록 구체화하여야 한다. 구체화한 아이디어는 전문가적 시각에서 다시 한 번 확인하고, 필요하면 사례 조사나 벤치마킹을 다시 실시한다. 또한, 아이디어를 실행하였을 때에 문제를 일으킨 원인이나 장애물이 제거되는지에 대해서도 검증해 보아야 한다.

〈그림 3-26〉은 이러한 해결책의 구체화와 선정을 네 단계로 나누어서 정리한 것이다. 해결책의 실행을 위한 실행방안을 마련하기 위한 아이디어를 도출하는 것이 첫 번째이다. 다음은 도출된 아이디어

들을 실행할 수 있도록 구체화한다. 구체화한 실행방안을 평가하여
채택 여부를 결정한다. 선정된 방안이 실행되면 문제점을 해결할 수
있는지 검증하는 것이 마지막 단계이다.

<그림 3-26> 해결방안 선정단계

실행방안 아이디어 도출 (Ideation)	· 개선영역별 실행방안 마련을 위한 아이디어 수집 · 방법론: Mindmapping, Brainstorming, Brain Writing, Benchmarking, FGI
실행방안 구체화 (Refinement)	· 도출된 아이디어를 재분류하고, 통합하여 실행방안 도출 및 세부 추진 내용 수립 · 방법론: Brainstorming, FGI, CDAM, Affinity Diagram
실행방안 평가 및 선정 (Evaluation)	· 각 실행방안에 대해 효과성, 시급성, 적용성 등을 평가하여 채택여부/우선순위 결정 · 방법론: Multi-Voting, Prioritization, Matrix Assessment, Expert Judgement
실행방안 검증 (Verification)	· 선정된 실행방안이 이해관계자의 핵심 Requirements와 이슈 해결에 충분한지 검증 · 경영층 및 핵심 이해관계자 의견 청취를 통해 실행방안의 효과성을 검증하고, FMEA 등을 활용하여 개별 실행방안의 적용시 문제점 및 부작용에 대한 검토 실시 FMEA: Failure Mode and Effects Analysis

【김부장과 최과장 EPISODE 10】

14:00 PM, 교통 데이터 제공 전문 'T-DATA' 본사 사무실

김부장 : 해결책을 실행하는 방안이 많이 나왔군. 다 채택을 할 수는 없으니 평가를 통해 일부를 선정해야겠어.

최과장 : 네, 부장님. 이미 일부를 선정해서 박차장님이 제시한 기법으로 아이디어들을 해결방안으로 구체화했습니다. 선정할 때는 D-ANAL 사의 전문가들이 많은 도움을 줬습니다.

김부장 : 우리 회사의 베테랑 사원들에게도 꼭 한 번 검토를 부탁했으면 좋겠어. 기법도 좋지만 역시 경험에서 우러나오는 통찰을 무시할 수는 없거든. 그리고 아무리 좋아 보이는 해결방안도 큰 그림에서 봤을 때 부정적이 아닌지 반드시 검증을 해야 하네.

최과장 : 네, 명심하겠습니다. 그리고 해결책을 실행해서 문제를 발생시키는 원인이 확실히 제거되는지의 검증도 할 예정입니다.

김부장 : 빈틈없이 잘하고 있군.

아이디어를 솔루션(해결책)으로 만들자

다양한 아이디어가 나오면 아이디어를 다시 분류해서 유사한 것은 통합하고, 중복되는 것을 제거하고, 필요하면 새로운 아이디어를 추가하는 과정을 거친다. 아이디어가 정리되면 아이디어를 구체화하고 아이디어를 실행하기 위해서 어떠한 구체적 방안이 있는지 실행방안을 풍부하게 제시하여야 한다. 〈그림 3-26〉의 두 번째 단계인 실행방안 구체화 단계에 해당한다. 이 단계에서 아이디어는 솔루션, 즉 해결책으로 구체화 된다.

아이디어의 구체화를 위해서는 로직 트리(Logic Tree)나 친화도(Affinity Diagram) 기법, 그리고 CDAM(Combine, Delete, Add, Modify)을 사용하면 편리하다. 로직 트리는 현상분석에서 설명하였으므로 여기에서는 별도로 설명하지 않기로 한다. PART 1 〈그림 3-10〉을 참고하면 된다.

친화 도법은 서로 유사한 아이디어나 연관성이 있는 아이디어를 재분류해서 묶어주는 방법이다. 〈그림 3-27〉은 생산계획 정보수집과 관련해서 도출된 아이디어를 유사한 것끼리 묶어서 세 개로 정리한 사례이다.

<그림 3-27> Affinity Diagram 사례

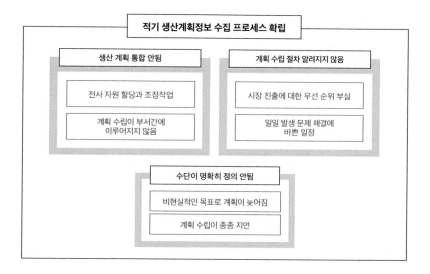

가장 흔히 사용하는 방법은 '통삭추수(통합, 삭제, 추가, 수정)', 즉 CDA M(Combine, Delete, Add, Modify)이다. 도출된 다수의 아이디어 중에서 유사한 것은 통합(Combine)하고, 중복되는 것은 삭제(Delete)한다. 통합과 삭제 과정에서 새로운 아이디어는 추가(Add)하고, 보완이 필요한 아이디어는 수정(Modify)해 보는 것이다.

'통삭추수(CDAM)' 과정은 혼자서 할 수도 있지만 여러 명이 함께 집단토의를 통해서 실시하면 더욱 효과적일 것이다. '통삭추수'는 다양하게 도출된 초보적 아이디어를 보다 정제되고 해결 가능성이 큰 해결방안으로 만들어주는 기법이다.

<그림 3-28>은 교육지원 시스템에 대한 이슈를 해결하기 위해서 다양한 아이디어를 도출하고 이를 좌측에 정리해서 보여 준다. 10여

개의 개선 아이디어를 살펴보면 중복된 것도 있고, 유사한 것들도 있다. 이러한 것들을 통합, 삭제 등 통삭추수를 실시하여 네 개의 아이디어로 구체화하여 우측에 정리하여 보여 주는 사례이다.

<그림 3-28> CDAM 결과 사례

핵심 원인	개선아이디어	
SSC차원의 교육 지원 기능 미흡	각사별 홈페이지를 운영하게 한다	각사별 홈페이지와 연동 운영 한다
	각사별 교육담당자에 시스템 운영기능을 부여한다	각사별 교육담당자에 교육과정 운영기능을 부여한다
	교육담당자 기능에 과정개설, 운영기능을 부여한다	
	HR시스템과 연동하여 제도에 적합한 자료 제공한다	각 사의 시스템과 연동하여 운영한다
	각사가 운영하는 EP와 SSO연동한다	
	교육SSC 지원기준을 설정한다	교육SSC 지원기준을 설정한다
	e-learning 교육비 기준을 수립한다	
	지원 과정에 대한 정의를 한다	
	직원가족에 대한 지원정책을 수립한다	
	사별 교육담당자에게 편리한 e-learning활용 기능을 부여한다	

* SSC : Shared Service Center

전문가적 판단을 하자

아이디어를 종합, 정리하여 솔루션으로 만들었다 해서 도출된 솔루션을 전부 실행할 필요는 없다. 도출된 솔루션 중에서 문제 해결을 위해서 실행할 솔루션을 선정할 필요가 있다. 어떤 솔루션을 채택하여, 실제 실행, 적용할 것이냐 하는 것은 전문가적 판단이 필요하다.

전문가적 판단은 직관으로도 할 수 있으나 전문가들의 의견이 다른 경우도 있고, 전문가의 자의적 판단을 배제하고 객관성을 높일 필요도 있다. 일반적으로 실행 시의 효과성, 시급성, 적용 가능성 등 기준을 제시하고 평가 기준별로 적정성을 점검해 본다. 전문가들의 의견이 다르거나 전문가적 판단에 어려움이 있을 때는 Multi-voting, Matrix Assessment 등을 통해서 우선순위를 정하는 방법을 활용하기도 한다.

도입 시의 효과성과 실현 가능성을 기준으로 Matrix Assessment를 실시하는 방법은 〈그림 3-20〉 Matrix Assessment를 참고하면 된다. 〈그림 3-20〉에서 보는 바와 같이 도입 시에 예상되는 효과의 높고 낮음과 실현 가능성의 높고 낮음을 기준으로 네 개 영역으로 구분해서 해결책의 채택 여부를 결정하는 방식이다. 〈그림 3-20〉의 우측 상단은 채택하여 실행, 좌측 상단은 일정한 조건이나 상황에 따라 채택 여부 결정, 우측 하단은 실행 우선순위가 낮고, 좌측 하단은 채택할 필요성이 없는 것으로 본다.

Multi-voting은 해결책과 평가 기준을 매트릭스 표로 해서 여러 사람이 점수로 Voting을 하고, Voting 결과에 따라 우선순위와 채택 여부를 정하는 방식이다. 〈그림 3-21〉 사례를 참고하면 된다. 실제로는 전문가들이 토론으로 결정하는 방식이 일반적이지만 토론에서 결론이 잘 나지 않으면 활용할 수 있다. 또한, 의사결정자들이 여러 명 있어도 효율적으로 활용할 수 있다.

실행이 되어야 한다

문제 해결은 결과를 전제로 하는 것이다. 과정이 아무리 좋더라도 결과가 없다면 의미가 없다. 그렇다고 결과가 좋다면 과정이 전부 합리화되는 것은 아니다. 결과가 좋아야 하는 것은 필요조건이고, 과정은 충분조건에 해당한다. 결과가 좋아야 하는 것은 당연하고 과정도 좋아야만 한다. 필요조건과 충분조건을 모두 만족하게 해야 제대로 된 문제 해결이 된다.

조직에서 결과는 흔히 성과로 나타난다. 모든 이슈는 성과를 내는 것으로 해결되어야 한다. 성과를 내지 못한다는 것은 현상을 유지하는 것뿐만 아니라 일정한 성과가 나더라도 투입한 노력에 대비해서 성과가 미흡한 것을 포함한다.

최악의 상황은 결과를 과대 포장하는 것이다. 과대포장의 대표적인 유형으로 모든 조건이 충족되었을 때에 예상되는 기대성과를 결과로 표시하는 것이다. 해결책 실행으로 예상되는 성과가 있겠지만 실제 상황에서 발생할 수 있는 제약요인과 리스크를 고려하지 않고 자의적으로 해석하는 경우에 발생한다.

해결책의 실행으로 인해 다른 문제점을 유발하거나 관련되는 부문에 나쁜 영향을 미치는 경우가 있다. 일종의 부작용(Side effect)이다. 과대포장으로 보이지 않을 수 있으나 전체 조직의 입장에서 보면 더욱 심각할 수 있다.

특히 전체 밸류체인에 영향을 미치는 내용을 파악해야 한다. 해결책을 적용해서 해당 공정에서 발생하는 수익 창출, 즉 감소하는 비용이 관련된 다른 공정에서 발생하는 증가비용보다 많아야 한다. <그림 3-29>는 밸류체인 비용분석을 실행한 사례이다. 개선방안의 실행으로 감소하는 비용 160만을 생각해서 해결책을 실행하면 곤란하다. 연결된 업무 흐름에서 비용을 증가시키는 부분이 170으로 더욱 크기 때문이다. 증가하는 비용 170을 160보다 훨씬 적게 하는 대책을 수립한 이후에 실행해야 할 것이다.

<그림 3-29> 밸류체인 비용 분석

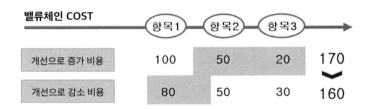

<그림 3-29>에서 보면 항목 1단계에서 비용을 증가시키는 현상이 발생하고 있다. 해결책 실행으로 인해 비용이 감소하기보다는 증가하고 있는 원인이 항목 1단계에서 발생하고 있다. 항목 1단계에 대한 대책을 수립하지 않고 감소하는 비용만을 제시한다면 해결책의 실행은

무의미하다. 항목 1단계에서 비용 증가가 발생하지 않도록 대책을 수립하는 활동을 해결책에 포함해야만 한다.

최악은 결과 부풀리기이다. 성과를 높게 보이게 하려고 데이터를 조작하는 것이다. 앞의 두 경우가 소극적이라면 결과 부풀리기는 적극적 과대 포장이다. 이러한 것을 방지하기 위해 해결책을 실행하였을 때에 예상되는 결과를 제시하고 이에 대해 검증을 하여야 한다. 검증할 때에 결과에 대해 과대포장을 하고 있다면 바로 잡아야 할 것이다. 예상되는 결과, 즉 기대성과를 적절하게 제시하고 있는지를 확인해 보아야 한다.

결과를 전망해서 제대로 작동이 되는 것으로 만드는 것은 필요조건을 갖추는 것이고, 해결책을 실행하는 과정에서 발생할 수 있는 오류의 가능성이나 부작용의 우려를 줄이는 것은 충분조건을 충족시키기 위함이다.

원인을 제거할 수 있는지 검증하자

해결책을 제시하기 위한 아이디어가 종합되고 전문가적 관점에서 실행할만한 솔루션을 정리한 다음에 검증하면 좋다. 검증은 정리된 솔루션을 실행하면 당초에 장애물로 제시된 이슈들을 제거 혹은 해소할 수 있는지를 살펴보는 것이다. 즉, 선정된 솔루션을 실행하게 되면 현상분석에서 도출된 근본 원인을 해소할 수 있는지 나아가서 문제 이해관계자의 핵심 요구사항(Critical Requirements)을 충족할 수 있는지를 확인하는 것이다.

해결책을 실행하였을 때에 문제를 발생시키는 원인을 어느 정도 해소할 것으로 예상하는지 확인하고 이로 인해서 발생하는 영향이나 심각 정도 등을 예상해 보자는 것이다. 이러한 예상을 통해서 부작용의 우려가 있는 부분을 사전에 파악해서 방지수단을 마련하는 동시에 해결책의 실행으로 나타나는 결과를 제대로 예측하고 과대 포장되지 않도록 하는 것에도 의미가 있다.

컨설턴트들이 전문적으로 활용하는 방법인 FMEA(Failure Mode and Effects Analysis)를 통한 검증을 시행할 수도 있고, 조금 간략히 해서 솔루션 실행 시에 예상되는 이슈를 정리하고 이에 대한 대응책을 미리 준비해 두는 방법도 있다. FMEA를 '잠재적 문제분석'이라고 한다면, 간략하게 검증하는 방법은 '대안도출형 검증'이라고 이름을 붙이고 싶다.

FMEA는 고객이나 이해관계자가 원하는 결과를 얻기 위해서 각각의 해결방안을 실행할 때에 오류나 장애(고장)의 유형은 어떠한 것이 있는지를 예상한다. 그러한 오류의 원인이 무엇이며 어떠한 영향을 미치고 있는지를 추정해서 발생도, 심각도, 검출도를 기준으로 해석해서 우선순위를 정한다. 이러한 잠재적인 영향도의 우선순위에 따라 방지수단을 만들어서 해결책에 반영하는 방법이다. FMEA는 주로 기술적 문제나 현장의 공정, 제품설계 등에 대한 문제를 해결할 때에 많이 사용한다.

〈그림 3-30〉은 현장 설비의 이상 원인을 파악해서 해결하는 과제에서 해결책으로 제시된 실행방안에 대해 검증을 한 사례이다. 먼저 프로세스별로 실행방안을 정리하고 각 실행방안을 적용 시에 예상되는 오류, 원인, 그것으로 인한 영향 정도를 검토하여 정리한다. 검토하여 정리한 내용을 바탕으로 예상되는 발생빈도, 심각성 정도, 검출 가능성을 5점 척도로 평가하여 점수화한다. 평가는 현업의 전문가들이 참여해서 실시하면 된다. 마지막으로 영향 정도를 줄이기 위한 방지수단이나 대안을 제시해서 솔루션, 즉 해결을 위한 실행방안을 보완하는 것이다.

FMEA는 사례에서 보는 바와 같이 세밀하게 분석해서 방지수단을 강구할 수는 있으나 사회적 이슈나 조직 관리상 이슈 등에 활용하기에는 다소 복잡한 측면이 있다. 특히 새로운 시스템이나 제도를 만들어서 시행하는 경우에는 많은 저항과 예상치 못한 이슈들이 발생하기 마련이다. 사전에 예상 문제점들을 분석하고 이를 방지 혹은 관리 가능한(Controllable) 범위 내에 두기 위한 대안을 마련해서 대응하자는 의미에서 '대안도출형 검증'을 하는 것이 편리할 수 있다.

<그림 3-30> FMEA 사례

실행방안 프로세스	오류, 원인, 영향 검토		영향 정도				방지 수단
			발생	심각	검출	합계	
작업패턴 정립	오류	동일 플러그에 다른 재료 혼입	5	1	1	7	플러그 별로 색깔을 다르게 하여 혼동 방지
	원인	작업자 혼동, 작업 스케줄 변동					
	영향	수명 하락으로 원가상승					
플러그 내부 잔존정도 향상	오류	플러그 내부 안전 잔존 미확보	1	5	3	9	잔존 정도에 대해 육안 확인 가능토록 주기적 공기세척
	원인	작업조건 급변, 이상침식 발생					
	영향	조업 불안정					
플러그 관리기준 수립	오류	플러그 관리기준 유명무실	1	1	3	5	작업표준 세분화 및 관리 기준 준수 여부 확인
	원인	작업자가 표준준수 미흡					
	영향	일시적 생산성 저하					

대안도출형 검증은 <그림 3-31>에서와 같이 도출된 솔루션을 실행 시에 예상되는 이슈를 파악해 보고, 예상 이슈의 해소를 위한 대책을 미리 마련하든지 아니면 솔루션을 수정하여 예상 이슈가 발생하지 않도록 대응 방안을 사전에 마련하는 방법이다. 예상 이슈와 대

응 방안은 이해관계자 혹은 전문가들의 의견을 들어서 하면 좋다.

<그림 3-31> 대안도출형 검증

실행 방안	실행 방안 실행 시 예상되는 이슈	예상 이슈 해소를 위한 대응 방안

새로운 해결책을 실행하고자 할 때 거부감과 반발 등을 예상하고, 각 단계에 적합한 대안을 준비해서 대응할 수 있는지를 검증해 보자는 것이 '대안도출형 검증' 방법이다. 대안도출형 검증에서 해결책 실행 시에 예상되는 이슈를 도출하고 대안을 찾는 과정은 다음과 같이 3단계를 거치면 된다. 이렇게 하면 보다 철저하게 검증이 된다.

첫 번째는 새로운 해결방안을 공개하였을 때에 나타나는 반응은 거부와 반발, 혹은 다양한 부작용이 당연히 예상된다. 물론 정도의 차이는 있을 것이다. 그러한 정도의 차이를 고려해서 어떠한 거부와 반발이 왜 발생하는지를 추정해 본다. 특히 거부와 반발을 주로 하는 이해관계자 계층이 예상된다면 그것에 대한 대안을 준비하여야 한다.

두 번째는 강한 반발단계에서 위에서 준비한 대안을 통해서 완화하는 단계로 접어들었을 때 예상되는 이슈와 요구사항을 예상해 보고 이에 대한 대안을 준비하는 것이다. 이 단계에서는 포기하거나 무관심을 표명하면서도 요구하고 싶어 하는 사항들이 있을 것이다. 이러한 것들을 예상해서 대안을 마련하는 것이 중요하다.

세 번째는 거부감이 완화된 이후에 요구사항이 해소되었다는 생각이 들기 시작하면서 수용하는 이해관계자들이 늘어나는 단계이다. 아직 수용을 꺼리는 이해관계자들은 어떠한 상황이며 적극적으로 표출은 하지 않지만, 잠재적인 요구사항이 있는지 알아보자. 경우에 따라서는 해결책의 주제와 관련이 없는 이슈사항이나 요구사항이 있을 수도 있다. 이러한 사항에 대해 대안을 제시할 것인지, 설득을 통한 이해와 이미 수용하기 시작한 이해관계자들을 통한 공감대 형성을 확대해 나갈 것인지에 대한 방안을 미리 마련해 두는 것이다.

대안도출형 검증은 새로운 사실이 발생하였을 때 사람들이 반응하는 심리적 단계를 참고로 한 것이다. 이러한 과정을 3회 반복하면 부작용에 대한 대안을 사전에 마련하게 된다. 먼저 새로운 사실, 특히 거부하고 싶은 새로운 일이 발생하였을 때 어떠한 과정을 통해서 수용하는지를 살펴보고 미리 예방책을 준비하자는 것이다.

해결책 선정단계 : 실행방안 아이디어 도출(Ideation) > 실행방안 구체화 (Refinement) > 실행방안 평가 및 선정(Evaluation) > 실행방안 검증(Verification)

실행방안 구체화 : 아이디어를 해결방안(솔루션)으로 구체화한다. 많이 이용하는 방법으로 로직트리(Logic Tree)나 친화도(Affinity Diagram) 기법, 그리고 CDAM(Combine, Delete, Add, Modify)이 있다.

전문가적 판단 : 실행방안 선정은 전문가에 의한 직관으로 할 수 있다. 자의적 판단을 배제하고 합리성을 높이기 위해서 Multi-voting, Matrix Assessment 등 기법을 활용하면 좋다.

실행의 이익 : 전체 관점에서 기대성과에 부정적 영향을 미치는 부분이 있는지를 객관적인 기준에 의하여 확인한다.

원인 제거 검증 : 해결책의 실행으로 문제를 발생시키는 원인을 제거할 수 있는지 검증한다. FMEA(Failure Mode and Effects Analysis)를 통한 검증, 대안도 출형 검증 등이 있다.

3. 해결책은 창의적 아이디어에서

　　　　　　　해결책인 구체적 실행방안(Action Plan)이
도출되기까지의 문제 해결 단계를 다시 정리해 보자. 첫 번째, 우선
문제를 일으키고 있는 주제가 무엇인지를 구체화해야 한다. 즉 문제
의 대상과 범위를 명확히 하고 문제의 제기자가 요구하는 기대치(목적)
를 정리하는 것이다. 두 번째, 현상을 분석한다. 현상은 사실관계를
바탕으로 해서 있어야 할 바람직한 상태와 현재의 상태 간에 발생하
는 차이가 무엇인지를 파악하는 것이다. 세 번째, 현상분석이 완료되
면 바람직한 상태와 차이가 발생하는 사유들을 정리해서 종합한 원
인 중에서 반드시 해결해야 할 근본 원인을 추출한다. 네 번째, 근본
원인을 해소해서 바람직한 상태로 복원시키는 데 필요한 구체적 해결
방안을 도출하여 실행한다.

　이러한 문제 해결 과정은 학습이나 반복을 통해서 익숙해질 수 있
는 기술에 가깝다. 다만 참신한 아이디어를 도출하여야 하는 부담과
도출된 아이디어가 실제 적용되어서 제대로 작동하도록 해 주어야
하는 측면 즉, 실행 가능성이 있는 해결책을 제시하여야 한다는 측면
에서 단순히 숙련될 수 있는 기술이라고 하기는 곤란하다.

　참신하면서도 실현 가능한 아이디어는 뜻밖에 단순하고 간단한 경
우가 많다. 많은 과제를 진행해 보면 어려운 문제를 쉽게 푸는 경우가

있는 반면에 쉬운 문제를 어렵게 푸는 경우도 있다. 쉬운 과제는 어렵게 돌아가지 말고 바로 해결하고, 어려운 과제도 쉽게 접근해 갈 수 있어야 한다.

그렇게 하려면 해결책의 유형이 어떻게 나와야 하는지, 우회해야 하는지 직접 돌파해야 하는지에 대한 판단을 할 수 있어야 한다. 또한, 다양한 아이디어를 찾아내는 연습이 되어 있어야 한다.

【김부장과 최과장 EPISODE 11】

15:00 PM, 교통 데이터 제공 전문 'T-DATA' 본사 사무실

김부장 : 이번 프로젝트도 이제 거의 마무리 단계군. 그동안 수고 많았네. 하지만 프로젝트의 해결 방안을 잘 실천하는 일이 남아 있군.

최과장 : 네, 부장님. 사실 이제부터 시작이라는 생각도 듭니다. 가장 중요한 건 사내 이해관계자들의 적극적 참여와 이를 잘 관리하는 일이라고 생각됩니다.

김부장 : 이번 일을 계기로 문제 해결에 대한 새로운 방법을 터득했으니 앞으로 이런 경험을 잘 살려서 업무에 잘 적용했으면 하네. 이론보다는 직접 경험하고 일을 하면서 생기는 통찰력이 중요하다고 생각해.

최과장 : 네, 이번 프로젝트 결과를 바탕으로 해서 해결방안이 제대로 실행되도록 구체적인 역할을 부여할 생각입니다. 주인의식이 있어야 일이 제대로 진행되니까요. 그리고 역할들이 제대로 작동되는지 확인하는 역할도 담당 부서가 잘 수행하도록 하겠습니다.

김부장 : 그래, 그동안 수고 많았고 앞으로도 잘 부탁하네.

운영으로 풀 것인가, 전략으로 접근할 것인가?

해결책을 하나하나 만들고 종합적으로 보아서 어떻게 작동되는지를 검증하는 등 철저하게 준비를 한 이후에 전체적인 해결방안을 체계적으로 추진해가는 방법을 택하는 것이 일반적일 수 있다. 반면에 해결책이 생각날 때마다 실행하고 추가로 나타나는 문제는 다시 파악해 가면서 해결해 나갈 수도 있다. 바로 실천(卽實踐, 즉실천)하면 되는 것을 해결책에 대한 종합보고가 완료될 때까지 기다릴 필요가 없다는 것이다.

이와는 달리 해결을 위한 실행방안을 적용해서 운영해도 해결되지 않는 경우가 있다. 단순히 운영의 문제가 아닌 경우이다. 운영은 관리 가능한 범위에 있는 것을 정해진 절차에 따라 작동시키는 것이다. 요구조건이 상향되었거나 주변의 환경이 변화되면 기존의 관리수준으로는 대응할 수 없게 된다.

관리 가능한 범위를 벗어나 있는 이슈들도 있다. 어느 해군이 작전을 위한 항해 중에 항로 앞에 나타난 불빛을 보고 바로 이동할 것을 지시하였다고 한다. "여기는 함대 사령관, 앞에 보이는 물체는 즉시 이동할 것을 명함." 그렇지만 불빛에 있는 병사가 말했다고 한다. "어기는 일병, 이동할 수 없음! 여기는 등대임!"

항구로 들어가는 길에 암초를 만나면 어떻게 해야 하는가? 항해 중에 만나는 암초는 누가 보아도 돌아가야 한다. 정면 돌파를 시도하는 선장은 없을 것이다. 굳이 정면 돌파하지 않더라도 갈 길이 많이 있는 것은 물론이고 암초를 폭파해야 할 이유도 없기 때문이다. 앞에 보이는 장애물이 암초인지 단순한 부유물인지를 파악해서 부유물이거나 이동이 가능한 것이라면 항로를 조정할 필요가 없을 것이다. 즉, 운영을 잘해서 문제를 해결할 수 있다. 그렇지만 암초는 선장이 관리할 수 있는 범위 밖에 있으므로 항로를 변경하여야만 한다.

우리는 문제를 해결하면서 관리 가능한 범위에 두기 위해 주변 환경을 변화시키거나 주변 환경에 적합하도록 운영기준을 변경시켜야 한다. 이처럼 관리 가능한 범위 밖에 있는 이슈 혹은 끊임없이 관리 가능한 수준에 두기 위해서 조정을 해 나가야 하는 문제는 전략으로 접근하여야 한다. 운영기준을 변화시킨다는 것은 새로운 규칙을 만들어야 하는 것이다. 혹은 변화된 환경이나 패러다임에서 작동할 수 있는 원리를 도입하여야만 해결책이 나오는 경우이다. 이럴 때 전략적 해결책이 필요하다.

그렇다면 어떨 때는 운영으로 접근하고 어떨 때는 전략으로 접근하는 것이 좋은지 생각해 보자. 여러 가지 경우의 수가 많으므로 획일적으로 정하기는 어렵다. 다만 한가지는 분명하다.

지나간 일에 대해서 분석해서 앞으로 그러한 일이 발생하지 않도록 하는 것이라면 운영으로 풀어야 하는 경우가 많다. 일부 이해관계자가 운영으로 풀어도 되는 이슈를 전략적 변화가 필요한 것처럼 주장하고 있다면 지나간 일에 대한 분석을 두려워하는 것이거나 책임회피를 위한 것이 아닌지 확인해 볼 필요가 있다.

내·외부 환경분석을 해 보면 내부의 변화 속도나 정도보다 외부의 변화 속도가 빠른 경우는 전략으로 접근해야 한다. GE의 전 CEO 잭웰치는 "내부보다 외부가 빠르게 변하고 있다면 끝이 가까워진 것이다"라고 했다. 전략으로 풀어야 할 것을 운영으로만 접근하고 있다면 큰 낭패를 당할 것이다.

여기에서는 전략적 접근에 대해서는 다루지 않는다. 문제 해결에 어느 정도 익숙해지게 되면 전략적 접근 방법에 대한 전문서적을 읽어보고 관련 리포트를 비롯한 강의를 들어두면 문제 해결에도 많은 도움이 된다.

전략에 대한 이해를 돕는 책으로는 『전략의 탄생』(애비너시 딕시트, 배리 네일버프 공저, 쌤앤파커스), 『전략의 역사』전 2권(로렌스 프리드먼 지음, 비즈니스북스)을 읽어보길 권한다. 전략수립에 대한 방법론을 다룬 책으로는 『경영전략 수립 방법론』(김동철, 서영우 공저, 시그마인사이트), 『경영전략 실천 매뉴얼』(이승주 지음, 시그마인사이트)을 추천한다.

해결책도 유형이 있다

　몸이 아프면 병원에 간다. 왜 아픈지에 대해서 의사의 진단을 받고 원인이 분명해지면 치료에 들어간다. 병의 종류나 발병의 원인에 따라서 치료방법은 다르다. 상처가 있어서 병원에 갔다면 상처에 소독약을 바르고 필요하면 꿰매면 된다. 아픈 원인에 대한 외과적 증상 대응이다. 심혈관계의 문제가 있어서 몸무게를 줄이는 것이 좋다면 운동과 식이요법을 통한 체질개선을 해야 한다. 경우에 따라서는 일차적으로 외과적 수술을 하고 이차적으로 체질개선을 지속해서 해야 할 수도 있다.

　외과적 수술이 필요한 병에 대해 체질개선만 하고 있다면 불필요한 시간이 소모될 뿐만 아니라 아픈 부위가 악화되어서 이차적 질환을 유발할 수도 있다. 반대로 체질개선을 통해서 치료해야 할 질환에 대해 외과적 수술만 한다면 일시적으로 회복되는 것 같으나 머지않아 병이 재발하고 만다.

　몸이 아픈 경우에도 외과적 수술이나 약품 투여를 통한 단기적 증상 대응이 필요한 질병이 있고, 장기적으로 체질 개선 대응을 해야 원인을 제거할 수 있는 질병이 있다. 명의는 정확하게 진단을 해서 가장 효과적인 대응을 하는 의사일 것이다. 이것저것 되는 대로 모든 대응을 다 하고 있다면 곤란하다.

질병에 대응하는 것과 마찬가지로 우리가 문제의 해결책을 마련하여 실행하는 때도, 문제를 발생시키는 원인에 따라서 현상을 도려내는 외과적 대응방안을 마련해야 할 때가 있고, 일하는 방식이나 조직문화 등을 변화시켜야 하는 체질 강화 대응이 필요할 때도 있다.

두 가지 대응이 모두 작동하는 경우도 있지만 그렇지 않은 경우도 있다. 그런데 해결방안을 마련하는 과정에서 지나치게 염려를 많이 해서 여러 가지 복합적 방안을 전부 실행하고자 할 때가 많다. 혹시 제대로 해결되지 않을 경우를 대비해서 보험을 들어두는 것이다.

또 다른 경우로 지나치게 과학적이고 합리적인 방법론을 중시하게 되면 모든 해결을 기법(Toolset)으로 접근하려는 경향이 발생한다. 현상을 분석해 보면 의식의 변화를 통해서만 해결이 가능한 경우도 많이 있다. 즉 사고방식(Mindset) 변화로 풀어야 할 이슈들을 기법을 동원해서 해결하려면 제자리에서 맴돌 뿐 의미 있는 변화를 이루지 못하게 된다.

기업에서 정기적으로 실시하는 인력 규모에 대한 적정성 진단을 예로 들어 보자. 어느 정도의 인력이 필요하며 조직단위별로는 얼마의 인원이 있어야 하는지가 이슈이다. 직무분석 등 다양한 기법을 동원해서 합리적인 답을 내어 보려고 시도할 것이다. 직무분석을 예로 든다면 직무분석 전문가의 양성 혹은 외부 전문기관의 컨설팅을 받아야 하고, 절차와 시간도 고려한다면 그 결과물의 활용도가 어느 정도인지 의문스러운 것도 사실이다. 과학적이고 기술적인 분석이라는 전제를 벗어난다면 어느 정도의 인력으로 조직을 운영하면 적정할 것 같다는 조직 리더들의 경영 감각, 즉 경영 마인드에 의해서 결정할 수도 있다.

조직 리더가 성과를 내는 데 필요한 인력 소요와 인력 소요로 인해 발생하는 원가를 고려할 수 있도록 가이드를 해 줄 필요는 있을 것이다. 그렇지만 인력운영 가이드 또한 기법으로 나올 수 있는 것은 아닐 것이다. 결국, 인력 규모를 검토하는 본질이 무엇이냐를 생각해 보면 어느 수준으로 가는 것이 바람직한가를 판단할 수 있다. 또한, 적정 인력운영이라는 본질에 부합하도록 운영하는 것이 무엇인지에 대해 구성원들이 공감할 수 있도록 유도하면 된다. 결국, 조직을 맡은 각 부서 책임자들의 Mindset이 해결책이 되는 것이다.

이해관계자 관리도 해결책이다

　문제의 발생과 해결의 전 과정에 이해관계자가 있게 마련이다. 문제가 왜 발생하며 무엇을 해결해야 하는지부터, 현상분석과 해결방안 모색, 그리고 실행에 이르는 모든 과정이 이해관계자와 관련이 없이 일어나는 것은 없다.

　일반적으로 이해관계자 관리는 해결책의 실행과정에서 수행해야 하는 변화관리로 생각할 수 있지만, 전체 문제 해결 과정에서 변화관리를 염두에 두고 이해관계자에 대해 관리를 할 필요가 있다.

　문제 제기자 혹은 문제에 대한 의사 결정권자와는 문제의 범위와 사유, 목적 등을 분명히 하는 과정이 있다. 이 과정에서 문제 제기자 혹은 의사 결정권자가 잘못 이해하고 있는 경우도 있을 것이고 실제 나타나는 현상에 대해 사실관계를 구체적으로 알지 못하는 경우도 있다. 이럴 때 의사 결정권자의 이해도를 높이거나 무엇이 문제점인지를 정확히 알려 줄 필요가 있다.

　경우에 따라서는 의사 결정권자의 인식을 변화시키는 것이 더 힘들 수도 있다. 의사 결정권자는 대부분 해당 문제에 많은 경험을 가진 유능한 전문가일 가능성이 크다. 이들을 이해시키기 위해서는 명확한 사실관계를 제시하여야만 한다. 구체적인 사실관계를 바탕으로 (Fact-based) 논리적으로 설명하는 과정이 반복되어야 한다. 필요하면 관점의 전환이나 다양한 시각이 있을 수 있음에 대해서 먼저 공감대를 형성하고 출발해야 한다.

예를 들면 "보는 시각에 따라 달라질 수는 있으나, 고객들 대부분이 A가 이슈인 것으로 나오고 있지만, 외국 관광객을 대상으로 살펴보면 A는 이슈가 되지 않고 오히려 B가 이슈라는 의견이 절반을 넘어서고 있습니다"라고 의견을 제시해 볼 수 있다.

제품에서 발생하는 이슈의 범위를 내국인의 관점이 아니라 외국 관광객의 관점에서 보고 제품의 판매를 관광객을 대상으로 해 나가면 어떻겠냐는 제안이다. 문제를 보는 관점의 변화가 받아들여진다면 문제를 구체화하는 과정에서 최대의 이해관계자인 의사결정자에 대한 변화관리에 성공한 것이다.

현상분석에서 이해관계자를 분류하는 과정이 있다. 다양한 이해관계자 중에서 내부 이해관계자는 해결책이 제시되면 실행의 주체가 되어야 하는 경우가 많이 있다. 이들은 외면적 이해관계 이외에 잠재된 다양한 이해관계가 얽혀 있을 수 있다. 이들을 우군으로 만들지 않으면 해결책 자체를 반대하는 경우가 발생할 수 있다.

내부 이해관계자를 협조자로 만들어두지 않으면 해결책의 도출은 물론이고 실행도 어려워진다. 내부 이해관계자를 관심도의 높고 낮음과 영향력의 많고 적음을 기준으로 해서 4개 영역으로 분류해 보면 〈그림 3-32〉와 같다.

<그림 3-32> 이해관계자 분류

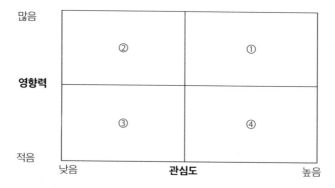

〈그림 3-32〉에서 ① 영역에 해당하는 이해관계자는 과제에 확실하게 결부시켜 두어야 한다. 즉 수시로 의견을 묻고 과제해결을 주도하고 있다는 인상을 심어주어야 한다. 그렇지 않으면 거센 반발에 부딪힐 위험이 있다.

② 영역에 해당하는 이해관계자는 관심도가 떨어지거나 관심을 두고 싶어하지 않는 부류이다. 왜 관심을 가져야 하는지에 대한 동기를 유발해야만 한다. 본인들과 어느 정도 관계가 있으며 어떠한 긍정적 영향을 미치게 되는지를 꾸준히 설명해야 한다.

③ 영역에 해당하는 이해관계자는 관심도 떨어지고 영향력도 낮은 상태이다. 문제를 연구하거나 검토하는 과정에서는 참여시킬 필요가 없다. 나중에 해결책을 실행하기에 앞서 설명을 하고 공감대를 형성해 나가면 된다.

④ 영역은 관심은 높으나 영향력이 낮은 이해관계자로서 주로 세부

적 실행방안을 실행하는 주체, 즉 실무자가 되는 경우가 많다. 해당하는 주제별로 의견을 듣고 실행 시에 거부감을 가지지 않도록 하는 수준에서 참여시켜야 한다. 다만, ① 영역의 이해관계자를 과정에 충분히 참여시키기 어려운 경우에는 ④ 영역의 이해관계자를 더욱 참여시켜서 ① 영역의 이해관계자에게 ④ 영역의 이해관계자가 같이 참여하여 해결책을 마련하였다는 점을 알릴 필요가 있다.

이러한 이해관계자들은 문제 해결 과정에서 다양한 반응을 나타내게 된다. 문제 해결이 현재의 상태에 대한 개선이나 혁신을 하는 경우가 많으므로 이에 대한 거부감이나 저항도 당연히 발생하게 된다.

심리학자 장 피아제(Jean Piaget)의 발생론적 인식론에 따르면 새로운 상황이 발생하였을 때 먼저 갈등·비평(Disequilibrium)이 일어난다. 이 단계에서 살아남기 위해 조절(Accommodation)과 동화(Assimilation) 단계를 거쳐서 평정(Equilibrium)으로 복귀하게 된다.

발생론적 인식론 단계를 새로운 해결책을 실행할 때에 사람들이 어떠한 반응을 할 것인가에 대입해 보면 이해관계자들의 반응을 예상할 수 있다. 갈등·비평 단계는 강한 반발과 거부감이 일어날 것이다. 조절 단계에서는 거부감이 완화되고 경우에 따라서는 포기 혹은 무관심하게 된다. 동화 단계에서 수용하고, 평정 단계가 되면 아직도 수용하지 않은 사람을 적극적으로 설득하기 시작한다.

이처럼 발생론적 인식론에 맞추어서 이해관계자들에 대한 심리적 변화를 염두에 둔 세부적 해결 대안을 마련할 필요도 있다. 특히 다수의 이해관계자가 있고 각자의 상황이 달라서 갈등이 불가피한 경우에 활용할 수 있다. 이해관계자별 커뮤니케이션 계획을 별도로 수립하여 공감대를 확산해 나가야 할 때 유용하다.

<그림 3-33> 발생론적 인식론에 근거한 이해관계자 변화 대응

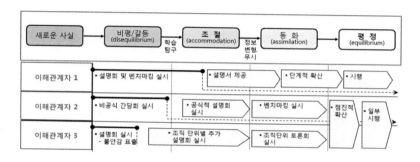

〈그림 3-33〉은 현장 라인 근무자의 근로조건을 새롭게 변경하기 위해서 공감대를 형성하는 과정의 사례이다. 계층별로 조직 단위별로 이해관계가 다른 것에 따라 다르게 대응하고 있다. 각자의 상황이나 입장에 따라 반응이 다를 것으로 예상하여 대응도 다르게 할 수 있도록 계획을 수립한 것이다.

이해관계자 중에서 제도 설계에 직접 참여한 이해관계자 1에 대해서는 조절과 동화에 중점을 두고, 다소 우호적인 이해관계자 2는 조절을 중심으로, 강한 반발이 예상되는 불편한 단계에 있는 이해관계자 3에 대해서는 갈등관리 단계부터 시작하는 모습이다.

관심은 기록을 통해서 현실화된다

사실관계를 확인, 파악해서 분류해보면 있어야 할 상태에 있지 않은 것들이 나온다. 있어야 할 바람직한 상태에서 벗어나 있는 것들을 찾아내는 것이 현상분석이고, 현상분석에서 찾아낸 이슈들을 바로잡는 것이 해결책의 실행이다.

사실관계를 파악하는 것은 주제와 관련된 사항을 관심 있게 관찰하는 것에서 출발한다. 그렇지만 어떤 이슈들은 관심 있게 관찰하여도 보이지 않다가 다른 일을 하고 있을 때 갑자기 떠오르는 경우도 있다.

관심 있게 관찰한다는 것은 사소한 것도 놓치지 않고, 직접 보고 확인하려는 마음가짐에서부터 시작한다. '어려운 일은 쉽게 풀어야 하고, 큰일일수록 사소한 것부터 풀어가야 한다'는 말이 있다. '천하난사 필작어이(天下難事 必作於易) 천하대사 필작어세(天下大事 必作於細)'라는 도덕경에 나오는 말이다.

사실관계 파악이 까다로울수록 쉽게 접근하는 방법을 찾아야 하고, 파악해야 할 사항이 많을수록 작은 것부터 세심하게 따져가면서 해야 한다는 의미이다. 관심 있게 관찰을 하되 빠지지 않으면서 중복되지 않게 한다는 것이 중요하다. 빠지지 않고 중복됨이 없이(MECE, Mutually Exclusive Collectively Exhaustive) 하고 있는지를 확인하는 과정이 필요하다.

다양한 기법들을 활용할 수도 있으나, 기법을 활용하든 그렇지 않든 하나하나를 관심 있게 관찰하고 있느냐가 더욱 중요하다. 관심 있게 관찰하는 것은 기록으로 현실화된다. 기록되지 않은 관찰은 의미가 없다.

적어야 할 때와 적지 말아야 할 때가 있다. 이해가 필요할 때는 적지 말고 집중해서 들어야 한다. 사실관계를 확인하는 관찰은 반드시 기록해야 한다. 주제와 발생한 내용을 육하원칙에 따라 적어야 한다.

일상생활에서도 수많은 생각이 떠올랐다가 사라진다. 순간적으로 떠오르는 생각들을 주제별로 분류해서 적어두면 많은 도움이 된다. 과제를 수행하고 있는 경우에도 갑자기 떠오르는 아이디어를 메모해 두었다가 구체화해 보면 뜻밖에 좋은 해결책들이 많다.

일기(Diary)와 주제를 정해서 간단명료하게 정리해 두는 것(Journal)은 차이가 있다. 일기에는 주제가 없으나 매일 일어난 일들에 대한 상황과 자기 생각 그리고 반성과 각오를 적을 것이다. 그러나 저널은 한번에 하나의 주제에 대해 쉽고 간결하게 정리하고, 추가할 생각이 나오면 보태어서 적는 것이다. 간단히 표현하면 주제가 있는 메모 혹은 짧은 수필(Essay)이다.

자신의 분야에서 전문가로 인정을 받는 사람 중에는 메모, 노트 혹은 저널을 잘 적는 사람이 많다. 문제 해결사로서 자신을 발전시키고 싶다면 적어볼 것을 권장한다. 특히 젊은 시절부터 자신만의 저널 혹은 메모 노트를 만들어서 자신의 아이디어와 사고의 영역을 넓혀 가면 좋다.

통찰력을 기르자

통찰력(Insight)은 사실관계 확인에서부터 현상분석을 하는 단계를 거치지 않고 해결책을 직관적으로 제시하는 선견지명(先見之明)이라 할 수 있다. 통찰력은 한 분야를 오랫동안 연구하고 경험하여 전문성과 노하우가 축적되어야 발현될 수 있다.

통찰력을 기르기 위해서는 해당 분야의 전문성과 다양한 경험, 관점을 달리해서 사물을 볼 수 있는 생각의 유연성, 그리고 지속적 관심이 필요하다. 이러한 네 가지 측면에서 통찰력을 높이기 위해 어떠한 노력이 필요한지 알아보자.

첫째, 해당 분야의 전문성은 전문서적과 리포트, 논문을 비롯한 유사분야 연구자의 산출물도 꾸준히 습득해 가면서 과제를 통해 쌓아나가면 된다. 시간이 되면 관심 있는 분야 중심으로 전문 리포트나 논문을 읽어 보자. 본인의 전공분야나 맡은 업무와 관련되는 전문 잡지를 2~3개는 보아야 한다. 전문가들이 많은 시간을 들여서 연구한 결과를 쉽고 편하게 만나볼 수 있다. 수입이 있는 젊은 직장인이라면 본인 수입의 10%를 자기계발을 위한 서적 구매와 전문잡지 구독에 투자하면 좋겠다. 투자한 돈이 아까워서라도 구매한 서적과 잡지를 조금이라도 읽게 된다.

둘째, 경험으로 지식을 습득하는 것이 가장 좋다. 그렇지만 많은 시간이 필요하고 여러 분야를 경험한다는 것은 쉽지 않다. 간접경험이 필요한 이유이다. 좋은 사례를 연구하거나 벤치마킹을 하는 이유가 여기에 있다.

상상력과 창의성의 작동에 관하여 서술한 책 『이매진』(Imagine, 조나 레러 지음, 김미선 옮김)의 서문에는 '창의성은 모든 통찰이 그렇듯이 불현듯 찾아왔다.'는 말이 나온다. 또한, 창의성을 높이는 경험은 서로 다른 지식이나 기술의 개념적 혼합과 이를 위한 직무순환을 통해 이루어질 수 있다고 설명한다.

『사실 3M은 개념적 혼합(conceptual blending)을 중시하다 못해 기술자들까지 정기적으로 이 부서, 저 부서로 옮겨 놓는다. 접착제를 연구하던 과학자가 광학 필름 부서로 옮겨 갈지도 모르고, 천식 흡입기와 씨름하던 연구자가 종국에는 에어컨을 만지작거리게 될지도 모른다. 때로는 회전이 혁신을 위한 느닷없는 박차로 이용되기도 한다. 부서 순환의 장점은 그 덕분에 개념적 혼합이 늘어나면서 사람들이 자기를 가장 좌절시키는 문제를 신선한 관점에서 보게 된다는 것이다.』

셋째, 다양한 관점에서 사물을 보려고 노력하여야 한다. 신문 기사를 읽어 보고 비판적으로 생각해 보는 방법이 좋다. 요즘 기사나 사설은 중립적이지 않은 경우가 많다. 같은 주제의 기사를 신문사에 따라서 어떻게 접근하고 해석하고 있는지를 살펴보면 관점의 차이를 확연히 알 수 있다.

권도(權道)라는 말이 있다. 원칙과 법도에는 맞지 않으나 더 큰 목적 달성을 위하여 상황에 따라서 법도에 어긋나더라도 처리하는 것을 말한다. 권도에서 권(權)은 저울 권 자이다. 맹자는 "남녀가 물건을 주고받을 때 직접 손을 맞대지 않는 것은 예(禮)이다. 그러나 형수가 물에 빠졌을 때 손을 직접 잡아서 건져 주는 것은 권도이다"라고 했다.

우리가 어느 관점으로 사실관계를 볼 것이냐를 정하는 것은 자유다. 그렇다고 나와 다른 관점을 가진 것이 잘못된 것은 아니다. 다만 시대적 상황과 여건에 부합하느냐를 저울질해서 보아야 한다.

신문 기사를 읽어 보고 나만의 권도를 발휘해서 해석해 보자. 그러면 관점을 달리해서 보는 시각을 키울 수 있다. 문제 해결사는 주어진 과제에 대한 사실관계 확인과 현상분석을 할 때 항상 관점을 달리해서 보려는 시각 교정을 여러 번 해 보아야 한다.

미술관에 가 본 적이 있을 것이다. 예술가들은 똑같은 사물을 보더라도 각자의 관점에서 모양과 색깔을 창의적으로 표현한다. 달리의 축 늘어진 시계와 흘러내리는 듯한 정물화를 상상해 보자. 우리가 거꾸로 서서 보거나 대각선으로 기대어서 그림자를 본다면 그런 모양이 될 수도 있다. 아마도 달리는 사물을 거꾸로 비틀고 그림자 중심으로 보는 관점을 가졌을 수도 있다.

넷째로 통찰력을 높이기 위해 필요한 것이 지속적 관심이다. 관심을 가지고 관찰하고 생각하는 과정을 통해서 창의적 아이디어는 문득 떠오르기 때문이다. 관심은 앞에서 설명하였듯이 메모 노트나 저널(Journal)을 적으면 된다. 생각나는 주제를 항상 기록하고, 기록해 둔 주제는 관련된 사례와 전문지식을 찾아서 보완하면 된다.

　레오나르도 다빈치의 메모와 노트를 본 적이 있을 것이다. 수많은 주제에 대해서 끊임없이 관찰하고 나름대로 연상한 내용을 기록해 둔 일종의 저널이다. 자신만의 저널이 쌓이면 레오나르도 다빈치의 메모에 뒤지지 않는 자신만의 통찰력 노트가 될 것이다.

　성공은 1만 시간의 노력이 만든다는 '1만 시간의 법칙'(말콤 글래드웰의 저서 『아웃라이어』에 처음 나옴)이라는 말이 있다. 한 분야의 전문가가 되기 위해서는 1만 시간에 해당하는 정도의 지속적 관심과 노력이 필요하다. 하루에 3시간씩 10년을 꾸준히 노력하면 그 분야의 전문가로서 인정받을 것이다. 지금 본인이 무엇에 관심을 가지고 어떠한 것들을 하고 있느냐가 10년 후의 자신의 모습이다.

　자신만의 통찰력을 기르는 것은 10년 후 각자의 비전을 만들어 가는 것과 같다. 현재 어떠한 책과 전문서적으로 간접경험을 키우고 있으며, 사물과 사회현상을 보는 관점이 얼마나 다양하고 어떤 방향으로 가고 있는지, 그리고 지속해서 관심을 가지고 관찰, 기록하는 내용이 무엇이냐에 따라 10년 후 본인의 비전이 결정될 것이다.

　관심은 연습으로 이어진다. 세기의 예술가들은 대부분 연습벌레로 유명하다. 재능만으로 되는 것은 없다. 무용가 마사 그레이엄이 그렇고 발레리나 강수진도 무시무시한 연습벌레이다. 화가나 작가도 예외는 아니다. 열정을 가지고 지속적으로 연습을 하는 과정에서 예술적 통찰력도 향상되었을 것이다.

　조나 레러는 저서 『이매진』에서 "그래서 우리는 생각한다. 다음 생각이 답일지 모르니까"라고 말하면서, 니체의 저서 『인간적인, 너무나 인간적인』에서 관찰한 내용을 인용하고 있다.

『사실은 뛰어난 예술가 또는 사상가의 상상력은 언제나 좋은 것과 일반적인 것, 또 나쁜 것을 생산해 낸다. 그러나 극도로 세련되고 숙련된 그들의 판단력이 이것을 내버리기도 하고 가려내기도 하며 때로는 결합시킨다. (중략) 모든 예술가는 고안해내는 일뿐 아니라 내버리고, 검토해 정리하며, 정돈하는 일에서도 권태를 모르는 위대한 노동자다.』

문제 앞에서 창의적인 해결책 혹은 직관적인 통찰력을 얻고자 한다면 지칠 줄 모르는 생각, 검토와 정리 그리고 권태를 모르는 지속적 관심과 열정이 필요함을 잊지 말아야 한다.

배우가 되지 말고 PD가 되어라

기술은 사물과 현상을 있는 그대로 나타내는 것이고, 예술은 사물과 현상을 느끼는 대로 나타내는 것이다. 느끼는 대로 나타내는 능력을 갖추기 위해서는 있는 그대로 나타내는 기술을 꾸준히 연마해서 일정 수준을 넘어서야 한다.

문제 해결은 기본적으로 사실관계를 바탕으로 한 원인을 분석하고 주요한 원인을 제거하거나 회피할 수 있는 대안을 찾아가는 과정이다. 그러한 의미에서 기술에 가깝다. 그렇지만 오랜 경험이나 천재적 능력이 있는 사람이 창조적 대안을 제시해서 문제 발생을 근본적으로 차단하거나 한 차원 높은 패러다임을 제시한다면 예술에 가깝지 않을까 싶다.

문제 해결의 기본은 테크닉일 수 있다. 그렇지만 진정한 문제 해결 고수가 되려면 문제 해결 테크닉을 뛰어넘는 직관력과 패러다임을 전환할 수 있는 예술적 감각이 필요하다.

업무담당자나 연구자가 자기 분야의 전문가가 되어야 함은 당연하다. 단순히 문제 해결 기술자가 되는 것이 아니라 창의적 대안을 제시하는 수준이 되려면 다방면의 관련 지식이나 경험을 보유해야 한다.

예술적 감각도 키워나가면 더욱 좋다.

문제 해결은 혼자 할 수 있는 것이 아니다. 그런 측면에서 종합예술에 가깝다. 복잡한 이해관계를 여러 사람이 역할을 분담해서 하나하나 처리해 나가야만 한다. 역할을 받아서 하나하나를 실행하는 사람도 있어야 하고, 이러한 역할이나 실행이 제대로 될 수 있도록 확인하고 전반적인 조율을 하는 사람도 필요하다.

문제 해결사는 전체적 계획을 수립하고 해결책의 실행을 위해서 각 해결방안이 제대로 실행되도록 역할을 부여하고 부여받은 역할들이 제대로 작동되고 있는지 끊임없이 확인하고 조정해 주어야만 한다. 그런 의미에서 문제 해결 전문가는 감독이나 프로듀서(PD)에 가깝다. 문제 해결을 하려는 사람이 배우가 되면 곤란하다는 의미이다. 배우는 역할에 따라 비중이 다르고 비중 있는 배우는 스타가 되기도 한다. 문제 해결을 하려는 사람이 전면에 나서서 스타가 되고 싶어 하면 곤란하다.

사회생활을 처음 시작하면서 인정받는 스타가 되고 싶은 욕망이 누구에게나 있을 것이다. 그러한 스타가 되기 전에 먼저 음지에서 일하면서 스타들이 제 역할을 할 수 있도록 스토리 라인을 만들고 역할을 제대로 할 수 있도록 계획, 통제, 조정하는 PD가 되었으면 한다. 그래서 문제 해결을 신나게 하고 싶은 분들은 자신만의 삶에 있어서 배우가 되지 말고 PD가 되어 볼 것을 권하고 싶다.

자신이 맡은 업무나 과제를 해결해 나가는 것이라 해서 혼자 일하는 것은 아니다. 동료나 관련 이해관계자 그리고 상사에게도 역할을 부여하고 제대로 역할을 하도록 조율하고 협력할 필요가 있다.

해결책이 제대로 수립되고 해결책의 실행을 위한 공감대가 형성된 다면, 문제 해결을 위해 실행해야 할 역할을 이해관계자와 상사 등에 게 부여할 수 있어야 한다. 혼자서 북 치고 장구 치면 곤란하다. 문제 해결사는 역할을 부여받은 각자가 제 역할을 하도록 조정, 통제하여 야 하며, 어려움이 있을 때는 이해관계자 혹은 상사로부터 지원, 도움 을 받아야만 한다.

운영적 접근과 전략적 접근 : 운영적 해결은 관리 가능한 범위에 있는 것을 정해진 혹은 있어야 할 상태로 돌려놓는 것이다.

전략적 해결은 관리 가능한 범위 밖에 있는 이슈 혹은 끊임없는 조정을 통해서 관리 가능한 범위 내에 두어야 할 때 적용한다. 내부보다 외부가 빠르게 변하고 있다면 관리 가능한 범위를 벗어난 것이다.

해결책의 유형 : 외부 증상에 대한 개선을 통한 대응은 기법(Toolset)을 통해 할 수 있다. 조직문화 등 체질 개선적 대응은 본질이 무엇인지 확인해서 Mindset을 변화시키는 것이다.

이해관계자 관리 : 문제에 대한 관심도와 영향력을 기준으로 해서 이해관계자의 영향력의 정도와 관심도의 정도에 따라서 문제 해결 단계별로 연관 정도를 달리해야 한다. 해결책의 실행 시에도 이해관계자의 인식* 정도에 따라서 변화관리의 정도를 달리해야 한다.
* 장 피아제, 발생론적 인식론
 - 문제 발생 시 심리 단계 : 갈등/비평 > 조절 > 동화 > 평정

관심과 기록 : 주제와 관련 있는 것은 사소한 것이라도 관심을 가지고 관찰하고 기록하여야 한다. 사실관계를 누락됨이 없이 중복되지 않게 기록하는 습관이 필요하다. 자신만의 메모 노트나 저널을 적어 보자.

통찰력(Insight)
① 해당 분야의 전문성을 기르자. 전문서적과 리포트 등 전문가의 연구 결과를 활용하자.
② 경험으로 습득한다. 간접 경험이나 사례 조사(벤치마킹)도 경험의 일부이다.
③ 다양한 관점에서 사물을 보아야 한다. 중립적 관점에서 사물을 볼 수 있는 능

력을 키워 두어야 한다.

④ 지속적 관심이 필요하다. 예술 작품도 끊임없는 반복과 권태를 모르는 노동의 결과물이다.

배우와 PD : 문제 해결은 전체적 계획을 수립하고 해결책의 실행을 위해서 각 해결방안이 제대로 실행되도록 역할을 부여하고, 부여받은 역할들이 제대로 작동되고 있는지 끊임없이 확인하고 조정해 주는 것이다. 많은 이해관계자뿐만 아니라 상사에게도 역할을 부여할 수 있어야 한다.

실무 적용 사례

뭉게구름 연상법 적용 사례

전문역량이 부족한 분야인 협업 제고 방안에 대한 과제를 수행하면서 적용했던 실제 사례다. 모두 풀리지 않는 난제가 한두 개쯤 있을 것이다. 지금 백지를 놓고 마음 가는 대로 생각하고 우연히 떠오르는 단어를 적어 보자.

1단계 : 협업이 잘되지 않는 이유에 대해 무작정 적어보는 단계

2단계 : 유사한 것끼리 묶어보는 단계

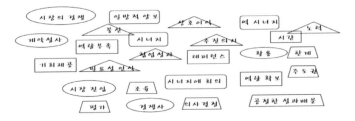

3단계 : 유사유형에 공통적 키워드를 제시하고 1~2단계 반복

목적 정리 사례

30년 후 미래 트렌드와 유망사업을 제시해 보라는 연구과제를 수행
하면서 왜 이 과제를 수행하는지에 대해서 목적을 정의한 사례이다.

다소 낯선 주제를 맡았을 때는 당혹감이 있게 마련이다. 그렇지만
전문가를 비롯한 주제를 부여한 사람들이 생각하는 바를 듣고 정리
하는 것이 우선이다.

이러한 과정을 통해서 왜 이 과제를 해야 하는지에 대한 방향성을
분명히 하는 수준에서 목적을 정의하였다.

과제의 목적

- 『불연속적이면서 돌발적인 변화 (Peter Drucker) 』가 일어나는 지식기반시대의 미래
  Trend를 분석, 종합 제시하여 미래에 대한 우리의 시각과 시야를 확장
- 30년 후 Mega Trend 변화와 신기술의 등장에 따라 확실시되는 미래 사업분야를
  종합적으로 정리해 보는 계기
- 미래 유망사업 분야 중 우리가 주목해야 할 분야 및 추진방향에 대한 시사점 제시

전문가 및 이해관계자 인터뷰(요약)

✓ 미래에 무슨 일이 있을지..내일도 모르는데	✓ 지식보다 상상이 중요(아인슈타인)
✓ 영화 속의 미래모습 실현 가능성은	✓ 신수종이란..현재 사업을 제외하고 생각해야
✓ Very long-term으로 확장해 보는 것	✓ 제조업이 주력이 아닌 사회가 될 수도
✓ 많은 미래 예측이 오히려 혼란스럽다	✓ 유망사업을 통찰력 있게 발굴, 추진체제 필요
✓ 신기술 등 전문역량도 부족한데	✓ Certainty만 확실히 추진해도 성공
✓ 30년 후 회사의 업무환경이나 일상생활은?	✓ 실패로부터 배워야...

용어 정의 사례

    협업모델을 제시하라는 연구과제를 수행하면서 협업이라는 용어에 대해서 모든 사람이 같은 수준으로 이해하고 있는 것이 아니라는 것을 알게 되었다.

    과제 수행 과정에서 협업이라는 개념 정의가 명확하지 않으면 같이 과제를 수행하는 팀원들 간에도 혼선이 있고, 나중에 결과 보고 시에도 어려움이 발생하게 된다.

    전문가들의 의견과 선행연구 등을 통해서 우리가 연구하고자 하는 과제의 협업이 무엇인지를 먼저 정리해 본 사례이다.

협업의 정의

● 「서로 다른 부문의 사람들이 상당한 수준의 도움을 주고 받으면서 시너지를 창출하는 활동」

【 시너지 창출】
① 범위의 경제로 원가절감
② Common assets 공유·재조합으로 새로운 결과물 창출
③ 핵심역량의 상호보완으로 경쟁력 비교우위 확보

※ 유사개념
· 제휴(Alliance)
기업 간 상호협력으로 다른 기업에 대한 경쟁우위를 확보하는 경영전략
· 팀웍(Team work)
두 명 이상으로 구성된 같은 팀내에서 구성원간의 협동 작업

● 협업수준에 따라 "Cooperation-Coordination-Collaboration"으로 구분되며 진정한 협업의 시너지를 창출하기 위해서는 "Collaboration"이 되어야 함

【 협업 수준에 따른 구분】

Cooperation	Coordination	Collaboration
" 체계화된 협력"	" 역할분담과 종합조정"	" 모든 자원 및 성과 공유"
• Short-term, Informal 관계	• Pjt, Task단위 Long-Term	• Pjt 단위 Long-Term
• 정보공유	• 일부 계획과 역할분담을 실시	• 공동의 목표를 위한 조직구성
• 자원, 조직을 분리해서 협력함	• 일부 자원,성과,리스크 분담	• 모두가 자원,성과,리더십 공유

· 'Collaboration Handbook' by Michael Winer and Karen Ray, 1994 ·

협업 필요성에 대한 현상분석 및 이슈 도출 사례

협업의 필요성에 대해 협업을 해야 하는 당사자들은 어떻게 생각하고 있는지 의견수렴(VOC)을 먼저 실행하였다. 의견수렴에서 나온 다양한 이슈들을 긍정, 부정적인 것으로 분류해서 정리한 것이 슬라이드의 좌측 상단 부분이다.

부정적 요인을 극복하고 긍정적으로 유도하기 위해서 어떤 접근을 할 필요가 있는지에 대해 팀원들이 브레인스토밍을 하여 우측에 협업유형을 정리하였다. 하단은 협업이 시너지를 발휘하기 위해서 장애물이 되는 사항을 주요이슈로 정리하여 제시해 본 사례이다.

【 VOC 】

긍
정
적
- 협업은 필수이다
- 絶長補短('절장보단', 장점으로 결점을 보충한다)
- 비즈니스 수행단계에서 서로의 장점을 극대화
- 상호 시너지를 창출하는 것
- 협업 마인드와 방법이 있다면 효과적일 것

부
정
적
- 해야 되는 데 잘 되지 않는 답답한 마음
- 협업이 가능할까 하는 생각이 듦
- 상호간 불만이 쌓여가는 것 같음
- '빨대로 무임승차는 곤란'

※ 협업유형

- 협업이 시너지를 발휘하려면,
  협업회사의 Biz.역량과 협업 Mind가 동시에 필요함
  - 현재 회사의 역량으로는 이상적 협업은 어려움
  - 협업 Mind가 있고 역량이 일정 수준인 경우
    전략적 협업을 통해 경쟁이 약한 시장을 공략
  - 시혜적 협업은 진정한 의미의 협업이 아님

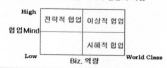

	Low	Biz. 역량	High → World Class
High 협업Mind	전략적 협업	이상적 협업	
Low		시혜적 협업	

주요이슈

- 관련 회사간에 협업추진 의지에 대한 불신이 있음
  - 관련 회사 모두 경쟁력이 높고, 협업 Mind도 충만한 경우는 없음
- 관련 회사간에 상호이익보다는 양보를 요구하고 있음
  - 협업에 따른 성과공유가 명쾌하지 못함

협업 가능성에 관한 현상분석 사례

협업 가능성이 어느 정도인지에 대해서도 협업이 필요한 당사자들의 의견(VOC)을 수렴하여 핵심적 사항을 다섯 가지 정도로 먼저 정리하였다. 의견수렴 내용을 바탕으로 팀원들 간 브레인스토밍을 실행하여 경쟁 정도와 네트워크 수준에 따라서 협업이 달라질 수 있음을 도출하였고, 이를 정리하여 제시한 것이 우측 상단 부분이다.

의견수렴과 브레인스토밍에서 도출된 내용에서 협업의 가능성을 높이기 위해서 제거해야 할 장애물, 즉 이슈를 도출하고, 도출된 이슈 중에서 주요한 것들을 정리해서 하단에 요약 제시하였다.

【VOC】

- 그룹 전체의 World Class 사업 역량과 개별 회사의 네트워크는 시너지를 창출할 것임
- 개별 회사간의 Small Success Story를 만들어서, 단위 사업의 성공적 협업까지 이어져야 함
- 프로젝트 사업 추진시 글로벌 진출은 개별회사의 해외 네트워크 및 사업개발 역량이 필수적임
- 일부사업은 회사 내부의 Cost가 높아 가격경쟁력이 떨어지는 만큼, 다른 경쟁사와의 협업도 필요함
- 역량이 미흡하다고 해서 경쟁력 확보 이후에 협업한다면, 역량확보의 기회가 없음

※ 경쟁정도와 네트워크 상태에 따라 다르게 볼 수 있음

- 회사내부 협업만으로는 시장의 경쟁에서 살아남지 못할 수도 있음
  - 외부 경쟁사와의 협업이나 외부 역량의 조기 확보도 추진해야 함
  - 동시에 회사의 자체 역량 확보가 필요한 분야는 일정기간 경험을 쌓을 수 있는 기회도 필요함

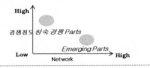

주요 이슈

- 단위사업을 회사 내부의 무조건적인 협업 보다는, 시너지를 먼저 판단해야 함
- 역량이 다소 미흡한 회사에는 육성측면에서 기회를 부여할 필요가 있음
  - 부족 역량의 조기 확보를 위해서 외부역량의 확보(M&A, JV 등)도 필요함
- 경쟁이 성숙한 분야와 Emerging 분야를 구분해서 협업이 달라져야 함
  - 필요시 외부 경쟁사와도 협업하여야 함

현상분석에서의 이슈를 종합하여 해결방향으로 전환한 사례

　현상분석 단계에서 제시된 주요 이슈와 사례조사에서 도출된 시사점을 종합하여 정리하고, 이를 해결하기 위한 대책을 어떠한 방향으로 설정하면 되는지를 정리한 사례이다.

　협업의 장애가 되는 이슈를 크게 협업인식, 협업 가능성, 협업장벽으로 분류하고 각 요인에서 세부적인 장애물을 제거하기 위해서 무엇을 하여야 하는지에 대한 해결책을 수립하기 위한 기본 방향을 정리해서 3가지로 제시하고 있다.

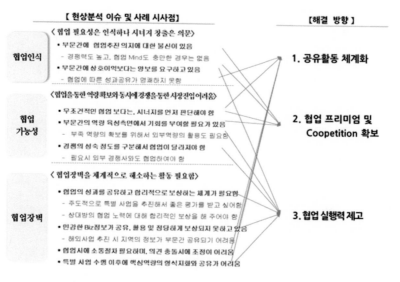

* Coopetition : Collaboration + Competition

신사업 추진 시 이슈와 추진방향 제시 사례

신사업 추진 시에 이슈가 되는 사업특성과 내부여건의 강점과 약점, 그리고 외부 환경의 기회, 위협요인을 먼저 정리하고, 신사업 추진의 방향성을 제안한 사례이다.

일반적 신사업 추진에 대한 것이므로 특정 사업에 대한 추진상 이슈와 추진방향을 구체적으로 분석한 사례는 아니다.

【신사업 특성 및 SWOT】

사업 특성	• **고위험, 고수익**(High-Risk, High-Returns) **사업** - 창의성, 도전성 특성 요구 • **국가차원 기술 Leadership 선점 경쟁 치열** • **기술 융합과 막대한 개발비용 소요**
SWOT	• **S : 조직 역량, 산학연 R&D** 强 • **W : 신사업 경험** 少, **후발 주자** • **O : 신사업 기회** 多 • **T : 미래 예측 불확실성** 大, **선두 기업** 有

【신사업 추진 방향 제언】

1	신사업 추진 조직 역량 강화
2	신사업 Portfolio 구성과 비즈니스 모델링
3	신사업 추진 Process 최적화

신사업 성공을 위한 벤치마킹 결과 정리

OO사 성공사례 : "끊임없는 경영혁신과 타분야 M&A, 성장 가능성 낮은 사업의 과감한 정리"

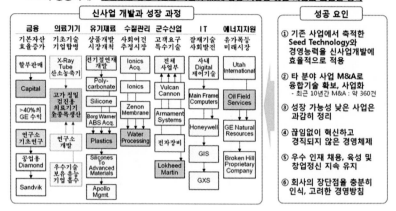

신사업에 실패한 사례 조사 결과 정리

실패사례: 성공한 글로벌 기업도 신사업에서 실패할 확률은 80% 이상,
그 이유는 "기술"에 대한 잘못된 생각과 전략

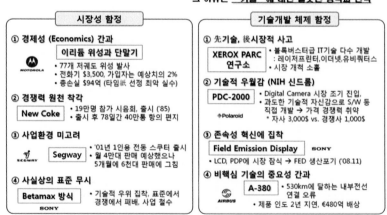

* 자료원 : 대기업 고수들의 신사업 성공 황금률 (매경Economy)

전문가 의견과 브레인스토밍으로 해결책을 도출한 사례

신사업 추진을 위해 조직역량에 대한 자체진단과 아울러 해당 분야 전문가들의 의견을 들어서 정리를 먼저 실행하고, 이를 바탕으로 과제 팀원들이 모여서 브레인스토밍으로 대안을 찾은 사례이다.

● **자체 역량 진단**

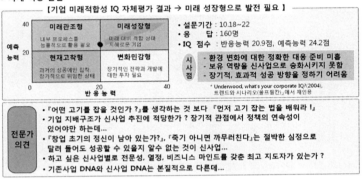

● **조직역량 강화 방안**

① 신사업 분야별 『전문성, 열정, 혜안』을 겸비한 업계 최고 권위자를 스카우트, 책임자로 임명

② 신사업 조직 강화
 - 신사업투자부문 신설, 신사업 기능 집결로 시너지 창출 도모

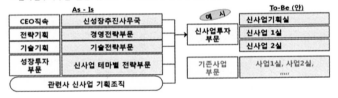

③ 신사업투자부문에 대한 CEO Commitment 및 지원 확대
 - 장기적 관점에서 성장사업 투자 Portfolio 운영 및 조직, 인력, 자금의 충분한 지원
 - 신사업 추진 정책 일관성 확보 대책 마련 필요

④ 신사업 아이디어 발굴 Network 운영
 - 해외 지점 / 사무소에 신사업 아이디어 발굴 기능 부여 (전담자 파견 등)
 - 러시아 등 구 소련권 국가와 이스라엘 등에 전담자 파견, 타사업 융합 아이디어 발굴

EPILOGUE

문제 해결역량은 취업 인터뷰에도 필요하다

기업에서 인사업무를 하다 보면 종종 취업을 앞둔 부모들로부터 취업을 위해 무엇을 준비해야 하냐는 질문을 받을 때가 있다. 그래서 반대로 무엇을 준비하느냐고 물어보면, 취업을 위해서 준비하는 것들이 참 많다. 졸업을 앞둔 학생들의 고민은 깊어가지만 마땅한 특효약이 없는 것도 사실이다.

주로 어학에서부터 여러 가지 요건(소위 말하는 스펙)들에 대한 질문들이 많다. 그렇지만 그러한 스펙보다 더 중요한 것이 있다고 말을 꺼내면 솔깃해한다.

"저는 됨됨이나 인성을 봅니다"라고 대답한다.

그렇다면 됨됨이를 어떻게 보느냐는 질문이 이어지게 마련이다. 이럴 때 해주는 대답은 "문제를 보는 시각과 문제를 해결하는 해결사로서의 역량을 봅니다"이다.

직장에서 사회초년생에게 요구하는 것은 거창한 전문지식이 아닐 것이다. 전문지식은 직장에 들어와서 차근차근 배워나가면 된다. 학교에서 일일이 다 배울 수 없는 것은 당연하다.

짧은 취업 인터뷰 시간에 면접위원들은 어떠한 방법으로 면접을 보러 온 취업준비생들의 문제 해결역량을 파악한다는 것인가? 예를 들어 보자. 주로 시사성이 있는 이슈나 전공과 관련된 논란이 있는 내용을 물어 볼 것이다.

시사성이 있는 이슈에 대해서 잘못 대답하는 대표적인 경우가 있다. 이슈에 대한 개인적 시각을 파악하려는 의도라고 생각하는 경우이다. 물론 그럴 수도 있으나 대부분은 그렇지 않다. 시사성 있는 이슈에 대해서 어떠한 문제의식을 가지고 있는지에 대해서 먼저 확인하게 된다. 다음으로 그러한 이슈들에 대해 사회 전반의 여러 계층이 이해하고 공감대를 형성해 나가려면 어떻게 할 것인가에 관한 관심이 있는지를 보는 것이다.

그렇다면 인터뷰 준비도 당연히 그러한 방향으로 하면 된다. 무조건 말만 잘한다고 해서 면접을 잘 보는 것은 아니다. 일전에 면접을 보러 온 어떤 학생이 취업 면접 준비를 위한 동아리에 속해 있고 그 동아리 주최 면접 대회에서 최우수상을 받았다고 한다.

아주 조리 있고 막힘 없는 대답에 놀라지 않을 수 없었다. 그런데 통과는 되지 못했다. 면접위원 전원이 불합격으로 판정한 것이다. 직장에서 업무를 제대로 잘할 수 있을지 모르겠다는 것이 면접위원들의 공통된 의견이었다. 왜냐하면, 아무런 문제의식 없이 준비된 답변을 앵무새처럼 하고 있었기 때문이다.

어떤 준비를 통해서 문제 해결능력이 있음을 보여줄 것인지 생각해 보자. 문제를 인식하는 것에서부터 현상을 분석하고 문제점을 도출해서 문제점별로 해결책을 생각해내는 과정이 있다. 인터뷰에서는 그 과정 중에서 아주 단순한 문제 인식과 과정을 약간 시각화해서 보여

주면 될 것이다.

　문제점을 인식하고 해결해 가는 과정을 평소에 익혀서 습관화할 필요가 있다. 이러한 습관이 되어 있다면 이제 취업 인터뷰는 문제가 되지 않을 것이다.

문제 해결에도 인간 됨됨이가 기본이다

모든 일에는 양면성이 있다. 우리가 자주 쓰는 칼도 없어서는 안 되는 생활용품이면서도 흉기로 돌변할 수도 있다. 세 치 혀도 마찬가지이다.

취업인터뷰 시에 면접위원들이 문제 해결역량에 대해서 점검한다고 했다. 동시에 인성에 대해서도 본다. 어떻게 볼까? 여기에서 인성은 그냥 순수하고 착하다는 의미는 아니다. 직업윤리 정도로 이해하면 된다.

흔히들 "그 사람은 참 착해"라고 한다면 칭찬이다. 그렇지만 조직 내에서 그런 말을 자주 듣는다면 칭찬이라고 생각하지 않는 것이 좋다. 너무 착해서 같이 있기에 부담스럽다는 이야기일 수도 있기 때문이다.

취업인터뷰 시에도 그냥 순진무구하게 착한 사람을 뽑는 것은 아니다. 조금 어렵게 표현한다면 사회에서 일반인으로서 가지고 있는 규범을 이해하고 어울려서 살아갈 수 있는 사람일 것이다.

알 듯 모를 듯하다. 뽑고자 하는 직종에 따라서 세부적인 기준은 달라질 것이다. 조직단위의 성과를 중시하고 오퍼레이팅에 핵심역량이 있는 조직은 화합할 수 있고, 된 사람을 채용하고 싶어 할 것이다. 반면에 개인적 창의성이 필요한 조직은 다소 기발한 아이디어를 가지고 있고, 난 사람 유형을 채용하고 싶어 할 것이다.

그렇지만 기본적으로 문제에 접근하는 방식이 한쪽으로 치우쳐 있다면 바람직스럽게 보지 않을 것이다. 결국, 사회현상이든 기업의 과제이든 중립적 시각에서 균형감 있게 보고 일을 처리할 수 있는 사람을 원한다.

문제 해결능력도 과정을 따라가다 보면 결국 제삼자적 시각에서 현상을 객관적으로 분석하고, 중립적으로 조합해서 해결해야 할 이슈들을 분명히 하는 것이 첫 번째 단계이다.

그런 다음에 이슈별로 실현 가능한 혹은 실현해야 할 방향으로 해결책을 도출하는 것이다. 해결책들도 균형감이 요구된다. 균형이 잡히지 않은 해결책들은 구성원들의 반발로 실행이 어렵게 되거나 변화관리에 큰 비용만 소비되고 만다.

결국 인생관이나 가치관이 중립적이고 균형감이 있어야 한다. 문제 해결능력을 높이기 위한 이론과 기법을 익히다 보면 이러한 중립적 균형감도 배양된다.

앞으로 많은 학교에서 문제 해결능력을 높이는 교육이 실행되면 좋겠다. 한때 대학에서 기업 맞춤형 교육을 하겠다고 한 적이 있다. 기업 맞춤형 교육이 가능할까 하는 생각이 든다. 물론 전문대학이나 직업훈련학교에서는 가능할 것이다.

일반적으로는 전공분야의 전문성을 높여야 하는 동시에 급변하는 경영, 경제 환경의 변화에 대응할 수 있도록 문제 해결능력을 키워주는 교육을 강화했으면 한다.

　우리나라에서는 문제 해결에 대해 학교에서도 기업에서도 관심이 적은 편이다. 문제 해결의 중요성을 인식하고 문제 해결능력을 높이는 학습에 관한 관심이 높아졌으면 하는 바람이다.

참고 문헌

『가설사고, 생각을 뒤집어라』, 우치다 카즈나리, 2010, 3mecca

『경영전략 실천 매뉴얼』, 이승주, 2009, SigmaInsightGroup

『경영전략 수립 방법론』, 김동철, 서영우, 2010, SIGMA INSIGHT

『끌리는 이야기는 어떻게 쓰는가』, 리사 크론, 2015, 웅진지식하우스

『나는 미학 오디세이를 이렇게 썼다』, 진중권, 2014, Humanist

『논리의 기술』, 바바라 민토, 2015, 더난출판

『로지컬 씽킹』, 테루야 하나코, 오카다 게이코, 2002, 일빛

『로지컬 라이팅』, 테루야 하나코, 2011, 리더스북

『맥킨지 문제 해결의 기술』, 오마에 겐이치, 사이토 겐이치, 2005, 일빛

『맥킨지 문제 해결의 이론』, 다카스기 히사타카, 2009, 일빛

『무한긍정의 덫』, 가브리엘 외팅겐, 2015, 세종서적

『문제를 해결하는 기획』, 한봉주, 2014, 책공방초록비

『문제 해결의 달인』, 나카타니 아키히로, 2010, 랜덤하우스

『문제 해결사』, 유정식, 2011, 지형

『비즈니스 프레임워크 69』, 호리 기미토시, 2015, 위키미디어

『빅 씽크 전략』, 번트 H. 슈미트, 2008, 세종서적

『생각 정리의 기술』, 드니 르보 외, 2008, 지형

『생각정리 프레임워크 50』, 요시자와 준토쿠, 2014, 스펙트럼북스

『생각 창조의 기술』, 공선표, 2009, 리더스북

『연구조사방법론』, 이경희, 2001, 민영사

『이매진』, 조나 레러, 2013, 21세기북스

『창의성의 또 다른 이름 트리즈』, 김효준, 2009, 인피니티북스

『트렌드와 시나리오』, 울프 필칸, 2009, 리더스북

『협업 콜라보레이션』, 모튼 T. 한센, 2013, 교보문고

『BCG 전략보고서』, 칼 W. 스턴, 마이클 S. 다임러, 2009, 21세기북스